KB053943

내성적인 그녀는
어떻게 영업의 달인이 되었을까?

조윤교 지음

망설이는 고객에게 신뢰를 얻어
구매로 이어지게 하는 영업 노하우

내성적인 그녀는
어떻게 영업의 달인이
되었을까?

매일경제신문사

인생의 반을 영업인으로 살았다.

하루하루 최선을 다하다 보니 30년 이상 영업을 하고 있다. 뭐든지 열심히 하는 것은 분명 내 인생에 플러스가 된다. 노력하는 기간이 길어질수록 결과는 단리와 복리처럼 벌어진다. 장기적 관점에서 명확한 목적과 방향성이 있는 노력을 해야 한다. 내가 속한 업의 속성을 제대로 파악하고 열심히 해야 한다. 최소한의 노력으로 최대한의 결과를 얻어야 한다. 그래야 오래 영업할 수 있고, 쉽고 행복하게 영업할 수 있다.

시스템으로 영업해야 시간이 지날수록 동일한 노력으로 영향이 큰 영업의 결과를 얻는다. 이 글을 작성하는 지금, 많은 사람에게 무언가를 가르치려고 쓰는 것이 아니다. 오랜 세월 영업 현장에서 울고 웃으며 보낸 소중한 경험들을 나누려는 것이다. 여유 있는 영업, 건강한 영업을 할 수 있도록 동기부여를 주고, 방향성을 스스로 찾을 수 있도록 조금이나마 도움이 되고자 하는 목적이다. 장기적 계획 없이 한 달

한 달 영업하는 분, 미래가 걱정되는 분들을 위해 그동안 경험을 통해 얻은 노하우를 나눠보려고 한다.

  상품을 직접 소비자에게 판매하고 싶은 사람이나 판매 예정인 사람들에게 영업에 대한 두려움을 조금이나마 덜어주고 싶다. 나 또한 처음 영업을 시작했을 때는 수많은 두려움을 안고 뛰어든 평범하고 내성적인 사람이었다. 두려움을 떨쳐버리기 위해서는 행동으로 옮겨야 한다. 신기하게도 첫발만 내디디면 된다. 행동을 먼저 하면 두려움은 사라진다. 일단 행동하면 생각보다 만족스러운 결과를 얻는다.

  현재 우리나라 경제는 무한경쟁을 통해서 이겨야만 살아남을 수 있다. 앞으로 사업의 생명은 영업력에 있다. 기업에서 아무리 좋은 제품, 좋은 서비스를 제공한다 해도 뛰어난 영업인이 없으면 그 기업은 성공할 수 없다. 영업이 우선인 세상이다. 크게 성공해보겠다는 포부가 있다면, 영업의 경험이 중요한 자산이 될 수 있다. 앞으로 영업이 더

욱 중요해지는 시대가 될 것이다.

영업 현장에서 매일 부딪히면서 포기하지 않고 버틴 결과, 어느 날 나도 모르는 사이 영업에 자신감이 생겼다. 소심한 성격인 나는 적극적이고, 필요에 따라 능동적인 사람이 되었다. 오랫동안 영업 현장에서 보고 느끼고 경험했던 모든 것들을 정리해보았다.

평범한 주부였던 나는 안정적인 삶보다 도전하며 가슴 떨리는 삶을 선택했다. 내가 만나는 대부분의 평범한 사람들은 '내가 할 수 있을까?' 하며 의심한다. 하지만 나는 확신한다. 당신은 영업을 통해 당신이 바라는 가장 멋진 삶을 살아갈 수 있을 것이다. 영업과 직접적인 관계가 없는 사람이라도 이 책에 공감한다면, 좀 더 성숙한 인간관계를 형성하는 데 도움이 되지 않을까 하는 바람을 가져본다.

끝으로 '한국책쓰기강사양성협회' 김태광 대표님과 권동희 대표님께 감사를 전한다. 그리고 (주)두드림미디어의 한성주 대표님을 비롯한 출판사 관계자 여러분께도 감사의 말씀 드린다. 또한, 나를 이 자리에 있게 이끌어주신 LG생활건강 임직원 여러분과 특히 부산 영업팀 김재득 팀장님, 박준상 파트장과 강효희 강사께도 감사를 전한다. 책 쓰는 동안 일에 피해가 가지 않게 최선을 다해 열심히 해준 강미선 강사, 전경희 강사와 온천(주)카운셀러 모든 분께 감사드린다. 내가 행복하게 일할 수 있도록 진심으로 응원해주고, 밑거름이 되어준 사랑하는 아들 유승규에게도 사랑한다고 말하고 싶다.

조윤교

1

고객은
왜 망설일까

내성적인 그녀는 어떻게 영업의 달인이 되었을까?

고객은
왜 망설일까

나는 결혼한 후, 남편이 생활비를 고정적으로 주지 않아 너무 답답하고 힘들었다. 그래서 시누이가 하는 백화점 매장을 맡아 관리하는 것을 시작으로 영업에 입문하게 되었다.

친정 아버지께서는 지금 아흔 살을 바라보고 계신다. 대구상고를 나오신 아버지는 우리가 고등학교에 다닐 때까지 영어, 일어를 직접 가르쳐주셨다. 젊을 때는 공무원을 하셨지만, 월급날만 되면 봉투째 노름판에서 날리시고, 그것도 모자라서 동료의 급여까지 빌려 다 노름으로 날리셨다. 그다음 날에는 직장에 나가지 않아 동료직원이 데리러 오곤 했다. 그러면 아버지는 마지못해 나가시곤 했다. 이런 생활이 계속되었다.

1남 3녀인 우리 집은 식구는 많고 먹고살기는 힘들었다. 부모님은 생활이 어려우니 매일 싸웠다. 싸울 때마다 장녀인 나는 어린 동생들이 상처받을까 봐 걱정이 되었다. 그런 환경 속에서 나는 공부보다는 빨리 돈을 벌고 싶었다.

어머니는 아침 일찍 장사를 나가 밤늦게 돌아오셨다. 나는 초등학교 2학년 때부터 밥도 하고, 청소도 하는 등 내가 할 수 있는 것은 몸을 사리지 않고 다 했다. 아주 멀리 떨어진 공동 수도에서 물을 받아 집으로 가져오는 것도 내 일이었다. 그것도 100m 이상씩 줄을 서야 겨우 차례가 오는 수도였다. 처음에는 조금씩 물통에 담아 들고 왔다.
그러다 지게를 사 달라고 해서 지게를 지고 물을 길어 날랐다. 지게가 너무 커서 수건으로 가슴에 동여매고 다녔음에도 키가 작아 양동이가 땅에 닿으면서 넘어져 집 앞에 다 와서 물을 쏟은 적도 있었다. 그럼에도 불구하고 매일 집 항아리에 물을 가득 채워 넣는 것이 나의 행복이었다. 물은 나에게 돈이었다. 그렇게 나는 매일 물을 가득 길어 와서 채워 넣었다.

아버지께서는 결국 내가 고2 때 직장을 그만두시고 장사를 시작하셨다. 퇴직금으로 물건을 가득 떼다가 진열해놓으셨지만, 막상 손님이 오면 방으로 도망가 내다보지도 않았다. 바로 망한 것은 뻔한 결과였다. 그 후에도 여러 번 이것저것 해보셨지만 다 안 되었다. 결국, 퇴직금만 다 날려버리고 말았다.

돈이 다 떨어지자 부모님은 마지막으로 노점 과일 장사를 하셨다. 저녁만 되면 남은 과일을 손수레에 싣고 집으로 가져오셨다. 온종일 추운 데서 벌벌 떨며 과일을 파시던 어머니는 10시 이후에야 집에 들어오셨다. 어머니가 아버지께 과일을 정리해 집으로 가져오라고 하시면 그때부터 두 분의 싸움이 시작되었다.

남은 과일을 가져오기 싫은 아버지를 대신해서 매일 밤 손수레를 끌고 가서 남은 과일을 집으로 싣고 오는 것이 고등학생인 나와 중학생인 동생의 일과였다. 동네 친구 보기가 창피해 나는 손수레를 뒤에서 밀고 동생이 앞에서 끌게 했다. 지금 생각하면 동생에게 미안할 뿐이다. 동생과 과일을 싣고 오다 손수레가 넘어져 길바닥에 과일이 쏟아진 적도 있다. 그런 날 밤이면 울면서 과일을 주워 담아 집에 돌아오곤 했다.

어린 시절, 부모님은 돈 때문에 하루가 멀다고 싸웠다. 나와 동생 셋은 부모님의 사랑과 보살핌을 받아본 기억이 없다. 나는 부모님이 싸우실 때마다 '나 때문인가?' 하는 막연한 두려움에 떨었다. 그렇게 자라다 보니 나는 성격이 소심하고 내성적이며, 남에게 제대로 말도 하지 못하는 사람이 되었다.

나는 이모님의 소개로 중매결혼을 했다. 남편은 위로 누나 셋, 아래로 남동생 둘인 부유한 집의 장남이었다. 이모님은 친정이 어려우니 부잣집 아들에게 시집보내라고 난리를 치셨다. 그래서 서둘러 선을 보고 일주일 만에 날을 잡아 결혼식을 올렸다.

결혼하고 보니 남편은 돈을 펑펑 쓰고 다니면서도 가정에 대한 책임감이나 가장의 의무는 아예 모르는 사람이었다. 생활비나 꼭 필요한 돈도 달라고 해야 억지로 주었다. 아이를 돌보거나 아이를 위해 아무것도 하지도 않았다. 양육비도 제대로 주지 않고 밤낮으로 술을 마시거나 노는 데 빠져 있을 뿐이었다. 결혼 전에 놀던 대로 친구, 동료들과 매일 술판을 벌였다. 가장이라는 의무나 책임을 모르는 철없는 부잣집 아들이었다.

결혼하자마자 나에게 아이가 생겼다. 스물네 살인 나는 아무것도 모르고 아이를 혼자 키웠다. 남편이 아이에게 우유를 먹여주거나, 목욕을 시켜준다거나 하는 것은 감히 바라지도 못했다. 소심하고 겁 많고 내성적이던 나는 아이가 생기면서 나도 모르게 용기가 생겼다. 아이를 생각하니 세상에 무서울 것이 없었다. 죽기 아니면 살기로 세상에 나서기로 했다. 아이와 내가 살아남는 것이 우선이었다. 아이 엄마라는 타이틀이 나에게 초능력을 부여해준 셈이다. 어떻게 해서라도 나는 돈을 벌고 싶었다. 돈을 벌어서 아이와 먹고살아야만 했다.

그렇게 내성적이던 내가 영업에 뛰어들었다. 그러나 현실은 너무 가혹했다. 한 달 동안, 고객이 와도 무서워서 한마디도 하지 못했다.

그렇게 시작한 영업 일이 벌써 30년째다. 지금은 세상에 어떤 것도 팔 수 있다는 자신감이 생겼다.

오랫동안 영업을 해오다 보니 영업 노하우를 책으로 써서 영업을 처음 시작하는 사람들에게 조금이나마 도움이 되고 싶었다. 하지만 책을 쓴다는 것이 막막하기만 했다. 책 쓰기 강의를 검색하던 중, 24년간 250권의 저서를 출간한 책 쓰기 비결이 담겨 있는 책을 알게 되었다. 《평범한 사람을 1개월 만에 작가로 만드는 책 쓰기 특강》이라는 책이다. 저자 김태광 작가님은 성공학, 책 쓰기 코칭, 출판 기획 분야에서 1등이신 분이다. 무일푼에서 200억 원을 가진 부자가 되신 분이기도 하다. 김 대표님이 운영하는 '한책협'에 가입해서 책 쓰기 1일 특강을 들었다. 책 쓰기 특강 후, 김 대표님과 일대일 상담을 받기도 했다. "성공해서 책을 쓰는 것이 아니라, 책을 써야 성공한다"라는 김 대표님의 말을 듣고 책 쓰기에 도전하게 되었다.

내가 김 대표님을 만난 것은 크나큰 행운이었다. 김 대표님은 나의 의식 성장에 많은 도움을 주셨다. 영업에 관련된 사람들과 가족들만 만나다가 동기부여와 삶의 깨달음을 주신 분을 만나 기뻤다. 김 대표님과 책 쓰기를 배우고 책 쓰기를 하면서 그 시간을 통해 자신을 바라보고 내가 하고 싶은 말, 어떻게 살아갈 것인지를 다시 배울 수 있었다. 지치고 힘든 삶에서 활력을 되찾을 수 있도록 많은 응원과 도움을 주셨다.

세상에 영업의 대상이 아닌 것은 아무것도 없다. 부모와 자식, 상사와 부하, 기술자가 개발한 상품도 영업을 통해 살아남는다. 의사, 변호사도 영업으로 자신을 알려야 성공할 수 있다. 영업을 통해 수익을 내지 않으면 아무 소용이 없다. 정글 속에서 영업을 배운 만큼 이제는 세상이 두렵지 않다. 지금은 코로나 시대이고 다가올 미래가 두렵기도 한 시기다. 이럴 때 회사에서 가정에서 사회에서 나를 지켜낼 수 있는 것은 영업 마인드뿐이다.

영업하다 보면 주변에서 결정장애라는 말을 많이 한다. 제품의 홍수 속에서 결정장애는 흔한 일이다. 기껏 설명하고 났더니 "생각해보겠다"라고 반응한다. 이는 고객에게 제품에 대한 확신이 없기 때문이다. 이렇게 망설이는 고객에게 감정적으로 반응하면 다시 원래대로 회복하기가 어렵다.

이럴 때는 기다려야 한다. 식사 메뉴를 정할 때 가끔 먹고 싶은 게 있어도 여자는 일단 남자에게 물어본다. 자신이 선택한 음식이 맛이 없을까 봐 두려운 것이다. 질문자인 여자는 이미 먹고 싶은 것이 정해져 있다. 답은 질문자에게 있는 것이다.

고객의 질문에 귀 기울이며 답을 찾아야 하는 이유다. 성공적인 영업을 위해 잘 다루어야 할 첫째 관문은 결정장애다. 이때는 선택의 기로에서 고민하는 고객이 자신이 원하는 결과를 얻도록 선택을 도와주면 된다.

홈쇼핑의 경우, 20~30개의 모델 중 선택하라고 하지 않는다. 1번, 2번 중에서 선택하라고 한다. 어차피 주로 팔려나가는 것이 정해져 있다는 뜻이다. 살까 말까 망설이는 고객에게 1번, 2번으로 고민 범주를 좁혀 선택권을 넘겨주는 것이다. 너무 다양한 선택권이 주어지면 고객은 고개를 돌려버린다.

고객에게 선택권을 넘기는 것은 고객이 선택을 신속하게 내리도록 하는 방법이다. 홈쇼핑에서는 늘 오늘 한정수량만 판매한다고 말한다. 그리고 오늘만 특별한 가격 혜택을 준다고 말하며 사은품 지급을 한다고 강조한다. 지금 고객에게 주어질 혜택에 초점을 맞춰 고객이 당장 제품을 선택하게 만든다. 온 힘을 다해 시간과 노력을 들이고도 선택받지 못하면 영업에서는 지는 것이다. 망설이는 고객에게 '선택'을 택하도록 유인하는 것이 영업에서 이기는 것이다.

생산자가 아닌
소비자의 관점에서 말하라

과거 휴대전화를 살 때 고객은 속도만 따졌다. 그 후 고객의 관심은 통신사의 혜택으로 옮겨갔다. 고객들은 영화나 빵집 할인이 더 많이 되는 곳의 통신사를 선택했다. 그러다 다시 가입 혜택에 관심이 꽂히면서 휴대전화 번호 이동으로 기깃값을 얼마나 더 아낄 수 있는지를 따지게 되었다.

이런 변화 속에 아직도 통신사가 빠른 속도만 자랑하고 있다가는 아마 망하고 말 것이다. 고객은 시시각각 변하고 흔들린다. 타깃을 제대로 잡지 못하면 고객을 공략할 수 없는 세상이다.

나는 30년 전 영업을 처음 시작했다. 홈패션이 유행일 때, 백화점 매장에서 침대 커버 세트를 판매했다. 침대가 있는 집에서 침대를 예쁘게 꾸미려 했던 시절이 있었다. 원단이 화려하고 자수가 많이 들어간 침대 커버가 유행했다. 화려한 노방 천에 꽃무늬를 넣은 침대 커버 이불 세트도 잘 팔렸다. 한 세트가 100~200만 원 선이었다. 부자들이 줄지어 이 세트를 사 갔다. 불망은 자수가 고급스럽게 놓인 제품으로, 더 비싸게 팔렸다.

그러다가 중저가인 면제품 세트가 나와 침대 커버 이불 세트가 대중적으로 유행했다. 예쁜 인형 그림을 그려 넣은 세트가 유아용, 청소년용, 성인용으로 분류되어 판매되었다. 부자들만 침대를 쓰는 것이 아니라, 생활의 패턴이 점점 많은 사람이 편리한 침대를 사용하는 것으로 바뀌었기 때문이다.

시대 흐름에 따라 가격이 저렴하고 실용적인 제품들이 나왔다. 매출은 폭발적이었다. 소비자의 소비패턴은 이렇게 변해왔다. 백화점 행사장에서는 언제나 침구류 매장이 매출을 한껏 올려주곤 했다. 지금은 침대 커버 세트를 부의 상징이나 집 안 인테리어의 중요 부분이라고 생각하지 않는다. 누구나 침대를 쓰는 데다 침대 커버와 이불 세트가 대중화되어 예전의 매출은 기대하기 어렵다.

이렇게 소비자의 구매 관점의 형태가 바뀌었다. 예전의 고급 제품들은 드라이해야 해서 불편했다. 지금의 소비자들은 깨끗하고 실용적이며, 편하게 세탁할 수 있는 제품을 선호한다. 제품이 아니라 소비자의 욕구에 집중해야 하는 이유다. 제품이 아무리 좋아도 소비자가 사지 않으면 소용없기 때문이다.

　영업을 하면서 고객의 구매심리 변화로 홈패션의 트렌드가 수없이 바뀌는 것을 경험했다. 과거에는 실용성보다는 방을 꾸미는 데 초점이 맞춰졌었다. 하지만 지금은 생활의 편리성과 실용성을 따지는 시대다. 생산자는 이런 소비자의 욕구에 집중해야 한다.

　미국에서는 매년 대규모 와인 페어가 열린다. 여기에 한국의 요식업 대표들이 많이 참석한다. 이곳에 가면 진열되어 있는 와인은 공짜로 마실 수 있다. 보통 사람들은 비싼 와인이 공짜라며 많이 마신다. 하지만 요식업 대표는 자신의 고객 입맛을 생각하며 맛을 본다. 가격이 아니라 고객의 기호를 살피는 것이다. 내 기준이 아닌, 소비자의 기준에 맞추는 것이다. 어떤 와인은 맛에 비해 싸지만, 한국인 입맛에 더 잘 맞기도 한다.

　처음 백화점 영업을 할 때 내 월급은 30만 원이었다. 적은 월급을 받고 일하는 나는 100만 원, 200만 원짜리 고가의 세트를 판매할 때면 심장이 떨렸다. 당연히 말도 잘하지 못하고 겨우 한 세트 팔기도 힘들었다. 부자 고객에게 기가 눌려 주눅이 들었지만, 그래도 최선을 다해 제품을 보여주고 설명하려고 했다. 하지만 매출로 연결되지는 않았다. 산더미처럼 제품을 보여주기는 했지만, 판매로 연결하지 못한 것이다. 제품 판매에만 집중하고 소비자가 뭘 원하는지 전혀 파악하지 못한 초보였기 때문이다.

그러다 한 세트라도 팔게 되면 고객 앞에서 마무리 포장을 하는 손이 떨리고 식은땀이 났다. 겨우 판매한 제품이 며칠 후 실컷 사용해서 세탁기를 돌려 엉망진창이 된 상태로 반품되기도 했다. 그런데도 고객은 오히려 큰소리치며 환불해갔다.

고객의 불만이 부당해도 나에겐 대처 능력이 없었다. 분하고 억울했지만, 바보처럼 아무 말도 하지 못했다. 장사 경험도 없고, 자신감도 없는 나는 매번 고객에게 당했다. 백화점은 식사 시간에만 매장을 비울 수 있다. 고객이 언제 올지 모르므로 항상 대기하고 있어야만 한다. 그래서 매장에는 의자가 없다. 온종일 구두를 신고 서서 근무해야했다. 퇴근할 때가 되면 발이 퉁퉁 부었다. 발가락이 아파 절뚝거리며 퇴근하곤 했다. 이렇게 10년 이상 근무하다 보니 이제는 앉는 것이 불편할 정도다. 발 모양은 삐뚤어지고 발톱이 빠진 적도 있다.

그렇게 어느 정도 시간이 흘렀다. 그 시간 속에서 나는 제품을 구성하는 원단, 재단, 모양, 제품 사용법, 진열 방법 등을 공부했다. 그러면서 자신감이 생겼다. 제품 구매 생각 없이 아이 쇼핑만 하는 고객에게도 제품을 판매하는 수준에 이르렀다. 나는 그만큼 더 제품을 완벽하게 알고자 노력했다. 제품을 사랑하고 소비자의 욕구에 맞춰주려 최선을 다했다.

백화점 업계에서는 브랜드도 약한 제품이 행사만 하면 1등을 하니 놀라워했다. 백화점 신규 오픈 행사는 우리 제품이 도맡아 했다. 오픈 행사 때 매출이 높아야 매장에 입점된다. 신규 입점 행사 때는 물량공급이 택배로는 불가능하다. 우리는 큰 물류 트럭으로 특별 생산 제품을 직배송해 왔다. 당연히 매출은 1위였다. 백화점에서는 우리 브랜드를 1순위로 입점시켰다. 보통 일주일 행사가 끝나고 나면 우리 제품은 뛰어난 매출을 자랑하며 매장에 안착했다.

이런 일들을 겪으며 나에겐 소비자가 원하는 것을 파악하고, 그에 맞춰 대처할 수 있는 능력이 생겼다. 다양한 소비자의 욕구를 알아차리고 거기에 맞춰주니 판매는 저절로 되었다. 매출 걱정을 해본 적이 없었다. 그렇게 무섭고 겁나던 영업 일이 이제는 나에게 자신감과 용기를 주고 있다. 만약 그때 포기했다면 지금처럼 자신감 있게 살아가기 힘들었을 것이다.

미국에서 대박 난 상품이 한국에서는 잘 팔리지 않는 경우도 있다. 미국의 교체형 인기 제품은 한국 사람에게는 잘 맞지 않는다. 한국 사람은 전체를 버리고 새로 사기를 원한다. 같은 제품에 다른 소비자인 것이다. 생산자가 같은 제품이라도 소비자가 다르다는 것은, 생산자가 아니라 철저히 소비자의 관점에서 제품을 바라보아야 한다는 뜻이다.

"고객은 왕이다"라는 말이 있다. 이 말은 '판매자가 아니라 소비자의 관점에서 보라'는 뜻과 같다. 생산자와 판매자는 소비자를 존중하며 원하는 것을 살피고 행복하게 해주어야 한다. 《넥스트 소사이어티》를 저술한 피터 드러커(Peter Ferdinand Drucker)는 90번째 생일에 "그동안 나는 기계나 건물이 아닌 사람에 주목했다"라는 한마디로 자신의 연구를 표현한 바 있다.

제품 판매에 중점을 두고 노력하다 보면 생산자의 관점에서 보느라 소비자의 욕구를 놓치게 된다. 생산자가 아닌, 소비자의 기준에서 영업해야 하는데도 말이다. 제품이 아니라 소비자를 연구하고 마케팅 전략을 세우려면 고객을 정확하게 분석할 수 있는 준비와 자료가 필요하다.

고객을 파악하는 감각까지도 갖춰야 한다. 소비자 패턴을 분석하고 제품이 아닌 소비자를 연구해야 한다. 어떤 제품을 소비자가 좋아할까 고민하면서 제품이 아닌 소비자에게 집중해야 한다. 고객이 사지 않으면 그 제품은 존재가치가 없기 때문이다.

화장품을 사려고 하는 고객의 경우에는 지금 쓰고 있는 제품이 무엇인지 파악해야 한다. 가격, 취향, 피부 고민 등을 알아내고 거기에 맞춰 추천해주어야 한다. 판매 사원 중 1명이 모임의 한 분에게 화장품을 판매했다. 그분은 피부가 거칠고 기미도 있어서 판매 사원은 고가의 기능성 화장품을 추천했다. 1시간가량 오직 피부 개선에만 초점을 맞춰 고객을 설득했다. 그렇게 해서 겨우 제품을 판매했다. 샘플까지 듬뿍 챙겨주었음은 물론이다.

그리고 나서 며칠 후, 그 제품이 피부에 맞지 않는다고 반품으로 들어왔다. 반이나 쓰고 트러블이 생겼다면서 찾아온 것이다. 샘플은 본인이 챙기고 반쯤 쓴 제품을 반품했다. 신입 판매 사원은 눈물을 흘리며 억울해했다. 이처럼 억지로 판매하면 고객의 트집으로 반품 처리되는 일도 있다.

중저가의 제품을 쓰는 사람에게 고가의 제품을 무리하게 권하면 부담을 주게 된다. 고객은 스타일이나 취향 등에서 크게 벗어나지 않는, 비슷한 것에 흥미를 보인다. 그것이 가장 구매율이 높다. 내가 좋아하는 것이 아닌, 고객이 원하는 제품을 추천해야 하는 이유다. 그래야 소비자가 그 제품을 선택하게 된다.

쉽게 알아듣게
말하라

화장품 방문 판매 사업을 20년째 하고 있다. 2002년 5월 처음 지사를 오픈했다. 판매 사원이라곤 1명도 없었다. 나는 급할 것이 없었다. 평생 할 일이기 때문이었다. 한 달 동안 지인 2명을 데리고 계속 사무실을 꾸미고 직원을 세팅하는 준비만 했다. 그런 나를 보며 본사는 걱정하고 있었다. 옆 지사는 10명을, 그것도 경쟁사의 쟁쟁한 직급자를 영입해 매출이 불같이 일어나고 있었기 때문이다.

방문 판매 영업은 활동사원이 많아야 성공하는 조직 사업이다. 그래도 나는 천천히 돌탑을 쌓듯이 한 사람, 한 사람씩 직원을 모집해나갔다. 대기업에서 처음 시작하는 방문 판매 사업이었다. 그런 만큼 홍보가 잘 안 되어 의심과 두려움에 사로잡힌 사람들이 영업을 망설였다.

초기 사업은 무에서 유를 창조하는 일이다. 지인 2명을 아침에 출근시켜 자리만 지키게 하고 놀이터처럼 놀다 가게 했다. 매일 출근하면 샘플을 듬뿍 챙겨주었다. 사무실에 온기만 불어넣어 주어도 성공이라 생각했기 때문이다.

2명의 지인이 놀고 있는 옆에서 지사장인 나는 경쟁사의 경력자를 영입하려고 열심히 노력했다. 내 노력이 먹혔는지 지인 2명 중 1명이 타 화장품 회사 직급자인 올케를 데려왔다. 그리고 그분은 자기 하부 라인을 전부 데리고 왔다. 나 또한 유명 브랜드 경쟁사의 직급자를 영입했다. 직급자를 영입하면 그 하부 라인이 자동으로 따라왔다.

매일 출근을 원칙으로 철저하게 규칙을 지키며 제품 교육에 힘썼다. 초창기 사업이라 본사의 지원도 많았다. 제품을 사용해보았더니 제품도 좋았다. 대기업이 벌이는 사업이라 급여도, 수당도 당시 최고였다. 경쟁사의 높은 직급자들이 소개로 밀려 들어왔다. 타사의 직급자들은 회사를 옮기려 해도 미수가 많아서 옮기기가 쉽지 않았다. 자신이 다니는 지사의 미수를 일시불로 갚아야 이동할 수 있었다.

이것을 안 나는 타사의 직급자들을 데려오려고 과감한 투자도 마다하지 않았다. 1,000만 원, 2,000만 원, 4,000만 원까지 미수를 갚아주고 영입해왔다. 직급자들의 수당은 타사의 두 배였다. 그들은 1년 동안 추가로 받는 직급 수당으로 차용금을 변제해나갔다. 질 좋은 제품과 대기업의 우수한 수당 시스템에 힘입어 우리 지사는 8개월 만에 전국 최초로 매월 1억 원의 매출을 달성했다.

그 후 3년 동안 지사는 급성장했다. 초창기 서너 달을 제외하고는 저절로 매출이 오르고 직원이 계속 불어났다. 신입이 신입을 데려왔다. 지사장인 나는 일할 분위기만 조성해주면 되었다. 지사는 계속 성장하며 빠르게 월 2억 원의 매출을 달성했다. 조직 사업은 처음 인원 세팅만 잘해놓으면 영업 지원자들이 기하급수적으로 늘어난다.

그렇게 많은 사람이 들어오고 나가기를 반복했다. 나는 월 2억 원의 매출을 탄탄하게 유지하며 조직을 다져나갔다. 그러면서 우수한 영업사원을 육성했다. 한번 만들어진 조직은 잘 무너지지 않는다. 조직 유지를 위해 매일 제품 교육을 하고, 끊임없는 자기 관리와 하부 조직 관리 방법을 교육해나갔다. 아마추어가 아닌 프로를 육성하기 위해서였다.

화장품 사업은 나의 천직이다. 20년 동안 해도 매일 설레고 재미있다. 사람이 사람을 데려와서 같이 일하고, 또 사람에게 아름다움을 전달하는 사업이다. 그런 만큼 사람을 좋아하지 않으면 하기 힘들다.

초창기에는 아침부터 저녁까지 일했다. 다음 날 출근할 사원들을 기쁘게 하려고 사무실을 매일 새로 꾸몄다. 매일 다르게 게시판을 정리하고, 다음 날 제품 이벤트를 위해 예쁜 색지를 게시판에 붙여서 변화를 주었다. 색깔별로 화려한 풍선을 달아 출근하면 기분이 좋아지도록 사무실을 화사하게 꾸몄다. 밤새 깜짝 이벤트거리를 만들어놓은 셈이었다.

퇴근은 항상 늦은 시간에 하게 되었다. 그래도 좋았다. "쉬는 날 없이 일만 했으면 좋겠다"라고 말하곤 했다. 낮에는 밀려드는 영업 신청자들과 면담하느라 점심 식사를 못 한 적이 많았다. 아침부터 저녁까지, 영업하려고 면담 신청을 하는 분들을 만나다 보니 배도 고프지 않았다. 직원들은 면담실을 노크하며 나의 건강을 확인하기도 했다.

판매 사원들은 나를 믿고 수많은 사람을 데려왔다. 면담 후 새로운 판매원을 하부 판매원으로 등록해주는 것이 나의 임무였다. 나는 진심으로 면담에 임했고, 영업사원들의 무한 신뢰를 받으며 거의 100% 면담을 성공시켰다. 회사의 급여 시스템, 직급 수당, 제품의 우수성, 활동 시 지원되는 견본 등을 초등학생이 들어도 알 수 있을 만큼 쉽게 설명했다. 대기업 제품이라 품질은 당연히 최고였다. 그런 만큼 그들에게 브랜드로 어필하며 최고 제품을 직접 사용해보두록 선물도 아낌없이 챙겨주었다.

방문 판매 업계에는 남자 사장들이 많다. 그중 여사장인 나는 영업사원들에게 친근한 이미지로 다가갔다. 언니, 동생처럼 스스럼없이 지낼 수 있는 것이 장점이었다. 실제로 사용해본 제품을 설명할 때는 깊은 공감을 끌어낼 수 있었다. 내가 써보지 않은 것은 설명하지 않았다. 모든 제품을 다 사용해보았다. 견본이 나오지 않는 것은 본품 사용을 원칙으로 했다. 사용 후 제품 설명을 직접했다.

영업하고 싶어서 온 사람에게 급여 수당을 회사 매뉴얼대로 1부터 10까지 설명하면, 영업 일에 부담을 느껴 시작도 하기 전에 지친다. 쉽고 간단하게 설명해야 하는 이유다. 방문 판매 수당 제도는 복잡하고 어렵다. 그래서 쉽고 간단하게 기본만 이야기해준다. 제품을 써본 내 경험도 자세히 말해주었다. 본인들도 써볼 수 있게 제품을 제공해주기도 한다.

수당 제도나 제품은 본인이 완벽하게 알지 못하면 이야기를 꺼내기가 쉽지 않다. 수없이 사용해보고 먹어보아 제품을 잘 알 때, 고객을 내 편으로 만들 수 있다. 화장품은 특성상 어려운 성분 용어가 많다. 식품의 원산지와 특허받은 용어는 일일이 설명하기도 복잡하고 어렵다. 그래서 꼭 알아야 하는 것만 쉽고 간단하게 정리해준다. 하지만 대부분은 먹고 바르고 느끼게 하면서 쉽게 접근하게 한다. 또한, 나의 체험을 고객에게 쉽게 말해주어야 한다. 어려운 용어로 고상하게 말할 필요가 없다.

신상품 중 고가의 건강식품이 있었다. 아침 교실에서 여러 번 교육

했지만 좀처럼 판매가 일어나지 않았다. 고민 끝에 건강식품 견본을 본사에 요청해서 구했다. 매일 출근하는 영업사원들은 견본 제품을 주면 먹지 않는다. 그래서 직접 제품을 뜯어서 물과 같이 먹였다. 그렇게 일주일을 먹였더니 드디어 반응이 왔다. '피부가 좋아졌다', '피곤하지 않다' 등등 다양한 체험 후기가 쏟아졌다.

그들은 아침 교실에서 스스로 사례를 발표하기 시작했다. 비싸서 못 먹는다고 하던 영업사원들 본인이 먹기 시작하면서 판매가 일어나기 시작했다. 초기에 영업사원이 20명일 때 200개, 300개씩 팔았다. 화장품의 어려운 제품 성분을 내가 안다고 너무 고상하게 설명하면 잘난 체하는 꼴밖에 안 된다.

방문 판매의 어려운 직급제도 급여 시스템을 매뉴얼대로 어렵게 설명하면 부담을 느껴 도전하기도 전에 영업을 포기한다. 고객도 마찬가지다. 완벽하게 제품을 공부하고 매뉴얼을 익혀서 쉽고 간단하게 설명해주어야 한다. 쉽게 말하지 못하는 것은 모른다는 뜻과 같다. 잘 알면 쉽게 말할 수 있다. 쉽고 간단하게 말해야 고객은 제품을 선택한다.

어릴 적 천재 소리를 듣던 남동생은 최고 대학의 장학생이었다. 남동생은 대학에 다니면서 과외를 했다. 성적이 부진해서 과외를 받는 건데, 동생은 공부를 못하는 아이를 이해하지 못했다. 그러다 보니 맞춤 수업을 해주지 못했다. 당연히 과외를 오래 지속하지 못했다. 하지만 사촌 동생은 천재도 아니고 최고 대학도 다니지 않았지만, 대학 시절 내내 과외를 아주 잘 소화하며 학비와 용돈을 벌어 썼다.

영업사원은 고객에게 구체적이고 쉽게 알아듣도록 말해야 한다. 영업은 말로 하는 것이다. 성공적인 영업을 원한다면, 고객은 쉬운 말을 원한다는 것을 꼭 기억해야 한다. 장황하지 않게 쉬운 말을 골라 고객의 마음을 건드려야 한다. 있어 보이려고 고객에게 고급스럽거나 어려운 단어를 쓰는 것은 어리석은 짓이다.

고객의 언어를 사용해야
고객이 반응한다

영업 현장에서 흔히 볼 수 있는 장면이 있다. 바로 판매자와 구매자의 지식 격차다. 판매자는 열심히 설명하고 구매자는 잘 알아듣지 못하면서 고개만 끄덕인다. 판매자는 시간과 노력을 낭비하고 있는 것이다.

보험이 필요해서 소개를 받았다. 보험 판매원의 화려한 외모와 세련된 옷차림, 친절한 말씨와 항상 웃는 모습에 호감을 느껴 보험을 넣기 시작했다. 특히 몸이 불편한 친정 어머니를 지극정성으로 보살펴 주었다. 일주일에 한 번씩 녹두죽을 끓여서 보내오기도 했다. 회사에서 나오는 사은품도 매달 한 보따리씩 챙겨서 가져왔다.

친정 어머니가 아프시면 모시고 다니며 병원 진료도 받게 해드렸다. 시골에서 김장 김치도 담가서 매년 보내왔다. 워낙 잘 모시다 보니 어머니께서는 자식보다 더 좋다면서 푹 빠졌다. 우리 사무실에도 자주 들렀다. 두 손 가득 선물을 가지고 와서 직원들께 나눠주기도 했다. 옷이 예쁘다고 하면 단골 백화점 매장을 직접 데리고 가서 소개해주었다. 피부과도 소개해주고 특별가로 미용 시술과 피부 마사지를 받게 해주기도 했다. 멋스럽게 두르고 온 스카프를 예쁘다고 하면 그 자리에서 풀어주었다. 순간순간 감동을 주었다. 아플 때는 아픈 부위에 따라 병원을 같이 가주며 온갖 시중을 다 들어주었기에 부모·형제보다 더 의지했다.

보험은 보험 판매원이 시키는 대로 넣었다. 보험 설명은 들어도 이해가 되지 않았지만, "좋은 거야. 넣어둬"라고만 했다. 그렇게 몇 년의 시간이 흘렀다. 부모님과 나를 잘 챙겨주고 좋은 관계로 지내다 보니 말일이 되면 급하게 "금액이 저렴하니 보험을 넣어달라"고도 했다. 매달 통보만 하고 보험이 들어가기도 했다. 내 사인도 필요 없다고 했고, 이미 먼저 가입된 보험이 있으니 통장번호도 필요 없었다. 그냥 가입이 되었다. 보험 개수가 점점 많아져 부담이 되었다. 보험이 한 건씩 자동이체로 빠지면, 어떤 보험이 얼마에 나갔는지 잘 알 수 있다. 하지만 서너 개씩 묶어서 자동이체 날짜도 전부 다르게 지정해놓아서 얼마가 어느 보험으로 나갔는지 알 수가 없었다.

어느 날, 마음먹고 보험금이 나가는 것을 일일히 체크해서 밤을 새

위 정리해보았다. 내가 가입하지도 않았고, 들어본 적도 없는 보험이 가입되어 자동으로 돈이 빠져나갔다. 이틀 밤을 꼬박 새워 정리해서 보험 판매원에게 전화했다. 웃으며 비서와 함께 확인시켜준다며 왔다. 보험계약 현황을 쫙 정리해 와서는 전문용어로 둘이서 억지로 나를 이해시키고 갔다.

그렇게 한 달이 지난 후, 설명을 들은 금액보다 더 많은 돈이 인출되었기에 두고 간 보험 가입 리스트를 통장과 일일이 대조하며 확인했다. 리스트에 없는 보험이 리스트에 있는 보험과 묶여서 인출되고 있었다. 할 수 없이 각 보험사를 찾아다니며 확인해보니 나의 사인을 도용해서 자기들 마음대로 보험에 가입한 것이었다. 그 자리에서 내가 들지 않은 보험은 다 해약했다. 중도 해약으로 손해를 많이 보았다. 손해를 보더라도 20년간 보험금을 더 낼 수 없었다.

영업은 특별한 경우가 아니면 고객이 이해를 못한 상태에서는 판매되지 않는다. 고객에게 쉽게 이해시켜서 고객의 동의를 끌어내 판매가 이루어져야 뒤탈이 없다. 영업사원 중 화장품 판매와 보험을 같이 하는 사원이 있었다. 그 직원에게 나의 모든 보험을 점검받았다. 보험직원의 실적을 위해 가입된 것과 별로 필요 없는 비슷비슷한 보험들이 많았다. 꼭 필요한 것만 남기고 다 정리해주었다. 불필요한 것은 다 정리했다.

정리도 쉬운 것이 아니었다. 아들 보험도 점검받았다. 본인 보험은 본인이 전화해서 해약해야 했기에 아들 보험을 해약하면서 곤욕을 치렀다. 보험이 어렵다는 이유로 완벽하게 이해하지 못한 나의 잘못도 있다. 고객인 나에게 제대로 된 제품 설명도 없이 급하다고 바로 가입부터 시키고 계속 무리하게 영업하니 결국 보험을 해약하게 되고 사람도 잃었다. 5년 정도의 기간 동안 일어난 일이다. 어렵다고 알아서 가입해달라고만 하고 맡긴 내 잘못도 크다는 생각이 든다.

전문용어와 병명에 따라 보장 내용이 복잡하고 어려웠다. 알아듣기 쉽게, 이해가 잘 가도록 설명해야 된다. 인맥으로 거짓 친절을 보인 사람에게 몇 년을 속으며 당한 것이 분했다. 한두 달 후 그 사람이 잠적했다는 소문이 돌았다. 보험업계에 소문이 쫙 퍼졌다. 손해 본 사람, 돈을 빌려준 사람 등 피해자가 수도 없이 나타났다. VIP 고객 골프라운딩 초대 설명회에서 만났던 회사 대표도 피해자라고 전화가 왔다. 그분도 사람이 좋아 그냥 참기로 했다.

보험을 꼭 필요한 것만 남기고 정리해준 또 다른 보험 판매원은 너무 쉽게 설명해주고 정직해서 지인에게 소개도 해주었다. 소개받은 지인이 연락이 와서는 여태 보험 설명 들은 것 중에 제일 쉽게 잘 알려주더라면서 칭찬했다. 지인 본인은 보험을 더 넣을 것이 없다고 해서 딸 보험만 넣었다고 하면서 좋은 분을 소개해주어서 고맙다는 인사를 받았다.

영업은 눈앞의 이익을 생각하면 안 된다. 얼렁뚱땅 속이면서 판매하면 오래 못 간다. 정확하고 쉽게 정보를 전달하고 고객의 선택을 받아야 한다. 고객의 신뢰는 영업 재산이 되어 또 다른 고객을 연결시켜 준다.

학창시절, 많이 아는 선생님들의 설명은 어렵고 지루했던 기억이 난다. 수업시간에 다 이해하기가 어려웠다. 수업이 끝나고 친구에게 물어보면 굉장히 쉽게 설명해주었기에 더 이해가 잘되었다. 선생님들은 왜 어렵게 가르칠까? 선생님들은 수업 진도를 맞추기 바빠서 모든 학생이 이해하고 있는지 살피지 못하는 경우가 많다. 반면 친구에게 물어보면 친구는 눈높이에 맞춰서 설명해주었기에 고개가 끄덕여질 때가 많았다. 어느 직종이든지 오래 근무하다 보면 전문가가 되어 전문용어를 자신도 모르게 사용한다. 하지만 고객마다 지식과 상식 수준이 다르다. 고객이 한 번에 알아들을 수 있는 언어를 사용해야 한다.

재무 상담사들이 하는 실수가 있다. 예금, 적금, 거치식 펀드, 적립식 펀드 등은 사회 초년생이나 금융에 관심이 없는 고객들은 잘 모른다. 목돈을 한 번에 넣어서 펀드 매니저가 알아서 관리하는 방법과 매월 월급날 조금씩 넣으면 펀드 매니저가 운영해주는 방법이 있다. 초등학생도 알아들을 수 있는 쉬운 언어로 설명해야 한다.

화장품 판매할 때의 예를 들어보겠다.

"여름이니까 프라이머를 바르고 쿠션을 마무리하시면 훨씬 가벼워요"라고 설명하는 것보다 "여름에는 모공을 감춰주고 화장을 지속시켜주는 프라이머를 바르고, 가벼운 타입의 쿠션을 살짝 발라 주는 것을 추천해드립니다"라고 쉽게 설명해야 한다.

무심코 쓰는 전문용어는 고객에게 어려울 수 있다. 전문용어를 사용한다고 전문가처럼 보이는 것도 아니다. 직장 생활 3~5년 정도 지나면 그들만의 전문용어에 익숙해진다. 이 정도는 써야 나를 무시하지 않는다는 늪에 빠지는 경우가 있다. 현장에서 쓰는 단어들을 틈틈이 체크해서 고객이 알아들을 수 있는 언어로 바꿔나가야 한다. 고객은 전문용어를 많이 사용하면 잘난 척한다고 생각한다. 초등학생도 알아들을 수 있는 언어를 사용해야 한다. 고객을 무시하는 것도 아니고, 내 전문성이 사라지는 것도 아니다. 고객의 눈높이에서 고객을 만나야 한다. 이는 영업의 기본이다.

고객은
신뢰를 원한다

화장품 영업을 하는 판매 사원들이 가장 많이 듣는 질문이 있다.

"이 제품이 좋은가요? 괜찮은가요?"라는 질문이다. 요식업에 종사하는 분들이 가장 많이 듣는 질문은 "맛있어요?"다. 답은 정해져 있다. 당연히 "맛있다"이다. 입맛이 없어 '백화점 식당가를 가면 맛있는 것이 있겠다' 생각하고 들렀다. 다양한 메뉴가 쫙 깔려 있는 식당가를 찾았다.

이곳저곳을 둘러본 후, 베트남 쌀국수를 선택했다. 한참을 기다려 주문한 쌀국수가 나왔다. 보기에는 먹음직스러웠다. 종업원이 맛있다고 추천한 것이다. 기대를 잔뜩 하고 먹었다. 육수가 맹물이고 생숙주만 가득 넣은 성의 없는 맛이었다. 종업원에게 질문하면 100% "맛있다"라고 한다는 것을 깜빡하고 질문했다. 실패한 사례다.

배고픈 것보다 맛없는 것이 더 고통이었다. 식사 시간인데도 다른 집보다 손님이 없었다. 백화점은 많은 사람들이 모이는 곳이다. 웬만하면 손님 없기가 힘들다. 맛이 없으니 손님이 없다. 그것을 알아차리지 못하고 기다리지 않고 먹기 위해 한가한 곳을 선택한 것이다. 음식은 좀 비싸도 맛있는 것을 먹고 싶다. 백화점에 입점해 있는 식당이 맛이 없다는 것은 백화점이라 맛을 기대한 고객의 신뢰가 무너지는 것이다.

인간은 돈을 지불하는 대가로 돈에 상응하는 값어치 이상을 얻고자 한다. 돈을 지불하고 맛있다는 만족의 기쁨을 얻고 싶어 한다. 돈이 많고, 적고를 떠나 지불된 돈의 가치에 못 미치면 고객은 마음이 상해 두 번 다시 가지 않는다. 식당은 단골이 많아야 성공한다. 계속 신규 고객을 찾아야 하는 영업은 오래가지 못한다.

골프장은 대부분 외곽에 있다. 골프장에 가기 전, 시골 외곽의 허허벌판에 한식당이 있다. 식당 건물은 가정집을 개조해서 만든 평범한 곳이다. 음식은 깔끔하고 맛이 있어 식사 시간과 상관없이 항상 손님으로 붐볐다. 식사 후 주인에게 감사히 잘 먹었다고 항상 인사하게 된다. 소개도 많이 한다. 소개 후 지인들에게 맛있는 집을 소개해주어서 고맙다는 인사를 듣는다.

아무리 경제가 어려워도 경기를 타지 않는 맛집이다. 한번 먹은 맛을 잊지 못해 그곳을 지날 때면 꼭 찾는다. 식구들과도 가끔 식사하러 간다. 손님이 없는 날을 본 적이 없다. 코로나로 자영업이 무너지고 재룟값과 인건비 상승 등으로 식당이 크게 타격을 받았다는 기사를 자주 본다. 하지만 사회적 분위기에 상관없이 잘되는 집은 잘된다. 음식 가격을 조금 올려도 손님이 줄어들지 않고 계속 잘된다. 음식 맛에 대한 고객의 신뢰는 경기와 상관이 없다. 맛으로 기분 좋은 선물을 해주는 곳이다.

고객은 돈을 쓰고 얻는 게 없으면 불안해한다. 음식이 맛이 없거나 구매한 제품이 기대에 못 미치면 돈을 쓰고 기분이 나쁘다. 선택하기 전에 '맛있을 것이다', '제품이 좋을 것이다'라는 믿음을 좇는다. 사놓고 후회하더라도 믿음을 택한다. 고객은 자신이 보고 싶은 것만 보고, 듣고 싶은 것만 듣는다. 고객은 현실을 따지지 않는다.

화장품은 접근하는 방법이 다양하다. 봄, 여름에는 미백화장품이 잘 나간다. 미백의 효과를 보려면 꾸준히 발라야 한다. 화장품은 피부가 더 나빠지는 것을 예방하고, 이미 손상된 피부는 천천히 회복해준다. 그러나 고객은 미백 화장품을 매일 쓰면 피부가 백지처럼 하얘진다고 믿는나. 주름 개선 화장품도 계속 바르면 눈가주름, 팔자주름이 쫙 펴진다고 믿는다. 고객은 제품을 선택할 때 피부가 하얗게 되고, 주름도 펴진다는 판매자의 말을 신뢰하고 지갑을 연다.

아들이 몇 년 동안 살던 서울 집을 팔고 상급지로 이사를 가려고 한다. 보통은 살던 집을 팔면 계약금을 받고 바로 다른 집을 계약한다. 하지만 이번에는 잔금을 다 받고 현금을 보유하고 대기 중이다. 집을 살 때는 '내년에 집값이 오를 것'이라는 믿음으로 집을 산다. 지금 현재 우리나라 부동산 시장은 꽁꽁 얼어붙어 아무도 집을 사지 않는다. IMF 때보다 더 심하다.

미국 금리가 폭등하니 우리나라 금리도 계속 오르고 있다. 대출 금리가 오르니 부동산은 팔려는 사람만 있고 사려는 사람이 없다. 집값이 전국적으로 20~30% 내리고 있다. 전문가들은 내년까지 40% 내린다는 전망도 한다. 2~3년 집값이 더 내린다고도 한다. 사람들은 집값이 오를 것이라는 믿음으로 집을 사는 것이기에 계속 내린다는 지금 현재 집을 사는 사람은 없다. 부동산은 금액도 크고 투자의 개념도 있기 때문에 집값이 내린다는 전망으로 당분간 부동산의 투자 심리는 얼어붙을 것이다.

금리와 물가 인상으로 집값이 내려가고 있는 와중에, 부동산 영업인들이 집을 팔려고 고객을 설득하면 고객은 믿지 않는다. 2년 전만 해도 집값이 하루가 다르게 치솟아 정부가 온갖 규제를 다 퍼부었다. 온 나라를 규제로 묶어 대출을 막고 30번에 가까운 부동산 규제로 부동산 상승을 막으려 했다.

하지만 부동산 상승은 잡히지 않았다. 2030세대들이 '지금 집을 사지 않으면 평생 내 집을 못 산다'라는 생각에 영끌을 해서 집을 샀다. 부동산이 계속 오른다는 믿음으로 어떤 규제도 통하지 않았다. 하지만 그 당시 영끌해서 집을 산 2030세대들이 지금은 두 배 이상 오른 대출 이자로 힘들어하고 있다. 부동산이 내리고 있고, 이자 부담으로 집을 팔려고 해도 사려는 사람이 없다. 정부에서 규제를 풀었음에도 집을 사려는 사람이 없다.

시중자금은 은행으로 몰리고 있다. 오랫동안 1%대 저금리 시대에서 예금이자가 3~5%대로 높아졌다. 정부가 부동산을 규제하고, 규제를 풀고 한다고 해서 부동산 시장이 잡히는 것이 아니다. 금리가 폭등해 부동산은 금리에 반응하고 있다. 영업인은 고객의 신뢰가 어디로 몰리는지를 잘 알아야 한다.

영업인은 고객이 원하는 말, 듣고 싶은 말만 해주면 된다. 훌륭한 영업은 제품을 파는 것에 초점을 맞추면 안 된다. 신뢰할 수 있는 사람이라는 것을 증명해주어야 한다. 옷차림, 액세서리, 말과 행동 등으로 '나는 신뢰를 주는 사람이며, 당신에게 도움을 준다'라는 것을 보여야 한다. 빠른 시간에 고객에게 신뢰를 얻어야 한다. 온화한 미소를 짓고 이름을 많이 불러주기도 하며 칭찬을 자주 한다. 어떤 말이나 행동으로 고객에게 믿음을 줄 수 있는지 연구해야 한다. 자연스럽게 상대와 나의 마음을 잇는 것은 신뢰의 첫 단계다.

심리학자 알버트 메라비안(Albert Mehrabian)은 의사소통의 효과에서 비언어적 의사소통이 차지하는 비중이 크다고 했다. 눈에 보이는 시각적인 부분이 55%, 목소리나 음색, 말투 등 청각적인 부분이 38%, 실제 말의 내용은 7%밖에 영향을 주지 못한다고 한다.

같은 말이라도 하는 사람에 따라 차이가 난다. 상대에게 자신을 어떻게 보여줄 수 있는가가 중요한 포인트가 된다. 운동으로 몸을 만들고, 미용 시술 등으로 변화시킬 수 있다. 가장 빠르게 외적 모습을 변화시킬 수 있는 최고의 방법은 다르게 입는 것이다.

거리에서 조사한 연구 결과가 있다. 10점 만점으로 해서, 지나가는 여성에게 남성의 호감이 가는 곳에 점수를 주는 실험이었다. 여성들은 캐주얼을 입은 남성에게는 평균 5점, 깔끔한 슈트 차림의 남성에게는 평균 9~10점을 주었다. 그런데 그 남성은 옷 스타일만 달리 한, 같은 사람이었다. 같은 사람이 옷차림에 따라 평가가 달라졌다. 영업인이 옷차림에 신경 써야 하는 이유다.

말은 천천히 낮고 느리게 하는 것이 안정감을 주고 신뢰를 높인다. 신뢰를 쌓고 싶으면 상대에게 이익을 주는 행동을 해야 한다. 신뢰를 얻기 위한 가장 간단한 방법은 내가 상대에게 먼저 뭔가를 주는 것이다. 물질, 서비스, 정보 등을 상대에게 주어야 한다. 필요 없는 것이 아닌, 상대에게 이익을 주는 행동을 해야 한다. 사람들이 지금까지 살면서 가장 신뢰하는 사람은 누구일까? 바로 엄마라고 한다. 엄마는 자신에게 가장 많은 이익을 안정적으로 준 사람이기 때문이다.

영업인은 제품에 대한 충분한 지식을 갖추고, 자신의 전문성을 고객에게 어필해야 고객의 신뢰를 얻고 제품을 팔 수 있다. 현재의 이익뿐 아니라 미래에 대한 이익, 장기적인 이익을 주어야 한다. 고객과 진정한 신뢰를 쌓기 위해서는 상대의 미래에 관해 관심을 갖고, 목표와 꿈을 달성하는 데 도움을 주어야 한다. 신뢰한다는 것은 성실하고, 능력이 있으며, 고객에게 이익을 주기 위해 노력한다는 것이다. 또한, 목표와 꿈을 이해하고 서로 성장을 도와준다는 의미이기도 하다. 영업의 핵심 뿌리는 신뢰다.

장점만 말하지 말고
단점도 알려준다

고객이 시간과 공을 들여 찾아오는 것은 실로 엄청난 것이다. 적극적이고, 진지한 태도로 긍정적인 인식을 주어야 한다. 긍정적인 인식이란, 영업 담당자의 좋은 장점을 보이는 것이다. 영업 담당자가 정성과 배려를 다하면 자연스럽게 고객으로 만들 수 있게 된다.

한 달에 한 번 동생들과 함께 가는 커피 전문점이 있다. 주차장도 넓고, 실내도 굉장히 깨끗하다. 주차장에서부터 사장님께서 친절하게 안내를 해주신다. 이 사장님으로 인해 다음에 또 가고 싶어진다. 하지만 커피 전문점에 들어가 첫 번째로 마주하는 아르바이트 직원은 우리 기대를 저버린다. 뚱한 표정과 알아듣지도 못하게 중얼거리는 말 때문에 메뉴 선정부터 인상이 찌푸려진다. 차 종류를 잘 몰라 질문하면 입을 꼭 다물고 가만히 있거나 빤히 쳐다보기만 한다.

밖에서 주차장을 관리하며 친절하게 고객을 안으로 안내하는 주인과 쾌적한 곳에서 편하게 근무하는 아르바이트생이 상반된 태도다. 그래서 아르바이트 직원에게 일을 맡기면 매상이 30% 줄어든다는 속설이 있다. 열심히 하는 아르바이트 직원들은 억울하겠지만 차이는 분명히 있다. 주인 의식이 있고, 없고의 차이다. 주인은 마음가짐이 다르다.

영업 담당자는 달라야 한다. 매출을 늘려야 한다는 간절함이 있어야 한다. 우리는 이 커피 전문점에 갈 때마다 커피보다는 주스를 찾는다. 그런데 이 아르바이트생이 주스는 없다고 단칼에 말문을 막아버려 어쩔 수 없이 아메리카노를 시켰다. 직원의 대응 태도로 아무리 장점이 많은 커피 전문점이지만 아쉽게도 다음에는 가지 않게 된다.

주인 의식이란, 마음가짐을 다잡아 발생할 수 있는 모든 상황에 대처하는 요령을 익혀둬야 하고, 매장을 방문하는 모든 고객을 1명이라도 놓치지 않겠다는 자세로 임하는 것이다. 한 달에 한 번 가던 커피숍이었지만, 아르바이트 직원이 불친절했기에 이후 모임 장소를 다른 커피 전문점으로 정했다.

우리 회사 홈페이지에는 가격, 품질, 제품, 고객 사례 등 모든 것을 공개하고 있다. 고객에게 신뢰를 보여주고, 진정성 있는 태도로 다가가기 위함이다. 제품의 신뢰도와 우수성 때문에 기존 고객층이 탄탄하게 자리 잡았다.

홈페이지는 잠재 고객의 니즈를 충분히 만족시켜줄 수 있어야 한다. 잠재 고객을 만날 수 있는 모든 경로라고 생각하고, 장점을 최대한 강조하고 있다. 제품 가격, 구매 절차, 고객 사례, 회사 스토리 등을 담았고, 고객이 메시지를 남길 수도 있다. 회사 이메일 주소와 전화번호가 있고, 라이브 채팅이 가능하며, 라이브 강의 참석도 가능하다.

잠재 고객이란, 변덕이 심한 어린아이라고 생각해야 한다. 어렵게 찾아간 맛집에 줄이 길게 서 있었다. 아무리 기다려도 줄이 줄어들지 않아 할 수 없이 다른 곳으로 발길을 돌렸다. 옆집에 다른 곳이 많이 있기에 굳이 오래 기다릴 필요가 없었다. 독점 제품이 아니면, 다른 선택은 얼마든지 있다. 독점이라 하더라도 고객 응대에 문제가 있으면, 고객은 변심한다. 제품 가격, 제품 응용 범위, 실적, 제품 상세 정보, 환불 가능 여부, 반품 가능 기간, 대량 구매 시 혜택 등, 화장품 영업은 다양한 정보를 계속 제공해야 한다. 고객에게 계속 장점을 노출시켜야 한다.

구정이나 추석이 되면 선물용으로 제품이 대량으로 나가기도 한다. 이런 시기에는 미리 선주문을 받는다. 구매 수량을 체크하고, 미리 예쁘게 포장해서 택배 일정에 맞춰 배달을 보낸다. 명절이면 바빠서 정신이 없다. 그때 실수를 하면 안 된다. 주문한 수량이 안 맞거나 요청

한 날짜에 맞추지 못하면 고객은 다시는 거래를 하지 않는다.

10년 정도의 긴 시간 동안 거래하고 있는 곳이 있다. 화장품 특성 상 계속 신상품이 나온다. 명절 때마다 직원에게 선물로 나갔던 같은 제품은 100% 없다. 하지만 10년을 계속 거래할 수 있었던 것은 매번 새로운 제품을 주문할 수 있도록 제품 카탈로그, 홈페이지 등을 공유하고, 제품의 장단점을 솔직히 알려주면서 고객이 불편하지 않게 관리하기 때문이다. 고객의 질문을 정리해서 공유하고 있다.

업종별 차이는 있겠지만 고객 질문에 대한 장단점을 정리해둬야 한다. 모든 직원이 정보를 함께 공유하면서 항상 고객에게 바로 대응하고 있다. 영업 조직은 고객 질문에 대한 통일된 시나리오를 갖추고 있어야 한다.

5년 전, 동생이 갑자기 제주에서 부산으로 이사를 오게 되었다. 저렴한 중고차를 소개해달라고 해서 중고차 영업사원을 수소문해 차를 사게 되었다. 차 가격에 비해 가성비 높은 차를 샀다. 영업사원은 차에 대해 잘 모르는 동생에게 아주 친절하게 장단점을 설명해주었다.

가격에 비해 성능이 좋고 연식이 좀 되어서 불편한 점은 있으나 성능이 비교적 좋았다. 타다가 다시 팔게 되면 본인이 산 가격으로 되팔아준다고 했다. 얼마 되지 않아 새 차를 사게 되어 타던 차는 그때 그 영업사원에게 산 가격으로 팔았다. 장점뿐만 아니라 단점도 함께 전하고, 손해 보지 않고 다시 팔기까지 해주었던 영업사원에게 감사를 표하게 되었다.

편의점 아르바이트는 전 세계 모든 나라에서 최저임금을 받는 것으로 알고 있다. 어디 가나 달라는 것만 주는 것은 기계도 할 수 있다. 이것은 영업이 아니다. 영업은 자기 하는 만큼 번다. 설득해야 팔 수 있다. 고객에게 호감을 얻어야 판매가 이루어진다.

화장품의 경우, 제품 지식이 첫 번째다. 제품의 성분과 기능을 알아야 고객에게 설명할 수 있다. 화장품 바르는 순서는 클렌징크림으로 닦아내고 클렌징폼으로 세안한 후, 스킨을 바르고 에센스를 바른 후 로션을 바르고 다음으로 크림으로 마무리한다. 기미가 있거나 주름이 있는 피부는 미백 화장품과 주름 개선 화장품을 바르기도 한다. 간혹 여러 가지 화장품이 귀찮거나 잘 몰라서 한 가지만 쓴다는 고객도 있다. 또는 스킨, 로션, 크림 딱 세 가지만 쓰는 고객도 있다.

이렇게 다양한 고객을 대응하려면 제품 지식과 피부를 잘 알아야 한다. 고객에게 질문하고 공감하며 칭찬하는 화법으로 접근해야 한다. 질문으로 쓰고 있는 제품을 알아내고, 피부가 좋으면 칭찬도 아끼지 말아야 한다.

제품 지식을 자연스럽게 전달하고 제품의 인기를 말한 후, 제품 사용 후 피부 개선 사례를 보여준다. 피부가 깨끗해지고 예뻐지면 자신감이 생기고 행복해진다. "고객님이 사용한 제품이 제일 잘나갑니다. 인기가 많아요"라고 알려준다. 매달 최고 인기 상품은 항상 있다.

고객은 인기 제품에 관심이 많다. 백화점에 가서 옷을 사려고 매장에 들르면, 항상 "요새 잘나가는 것, 인기 제품은 무엇인가요?"라고 질문하게 된다. 낡은 옷이 있지만 판매 사원이 내 취향을 다 맞출 수 없다. 많은 옷을 다 입어볼 수도 없다. 마네킹에는 신상품만 입혀져 있다.

그래서 요즘 잘 나가는 많이 팔리는 옷을 물어보고 입어본 후 어울리면 사게 된다. 대중적으로 선택을 받았다는 것은 장점이 단점보다 많다는 것이다. 실패할 확률이 줄어든다. 고객은 집단성에 집착하는 경향이 있다. 많은 고객이 찾은 제품은 확실히 단점보다 장점이 많다. 고객에게 제품에 대한 모든 정보를 알려주고, 끊임없이 유혹해서 알아서 좋아하게 만든 다음, 스스로 다가올 수 있게 해야 판매가 된다.

PART

2

진심은 사람을
끌어당긴다

내성적인 그녀는 어떻게 영업의 달인이 되었을까?

진심은 사람을
끌어당긴다

나는 30대 시절, 미용실 프랜차이즈를 운영한 적이 있다. 기술도 없고 주변에 미용실 하는 사람도 없었지만, 프랜차이즈 체인점이다 보니 매장 위치 선정과 인테리어 직원들까지 모두 세팅해서 오픈시켜주었다. 직원은 15명 정도 되었다. 대학가 앞에 자리 잡은 미용실은 온 거리를 환하게 할 만큼 화려한 매장이었다. 하지만 기술을 가진 직원들이다 보니 아무것도 모르면서 관리하기가 무척 힘이 들었다.

전 재산을 투자해서 오픈한 미용실이었기에 잘되어야 했다. 1주에 한 번 쉬는 가게를 2주에 한 번 쉬었고, 제일 먼저 출근해서 문을 열고 청소도 하며 카운터를 보면서 직원들의 점심, 저녁 식사를 챙겼다. 기술이 좋은지 나쁜지도 모르고, 본점에서 보내주는 직원을 그대로 근무시켰다.

손님은 어마어마하게 밀려들었다. 감당할 수 없을 정도로 손님이 왔지만, 디자이너들이 순번으로 손님을 받으니 손이 느린 디자이너는 손님이 밀리고 많이 기다리게 되었다. 나는 아무것도 도와줄 수가 없었다. 내가 할 수 없는 일을 지켜보면서 일을 시킨다는 것은 무척 힘들었다. 하지만 1명, 1명 진심으로 챙겨주고 끈끈한 정으로 가족 같은 미용실을 만들었다. 스텝들은 사랑스러웠고 디자이너들은 든든했다.

6개월 정도가 지나자 누가 일을 잘하고 실력이 있는지 눈에 들어왔다. 기본 급여에 플러스 수당으로 지급되는 시스템이기에 일을 잘하면 수당이 많았다. 단골이 없는 디자이너는 기본 급여만 받아갔지만, 기본 급여가 높아서 결국 내게 손해가 되는 구조였다.

신규 고객을 계속 밀어주어도 단골로 만들지 못하고, 가져가는 수당이 많지 않은 디자이너 때문에 고객이 자꾸 끊겼다. 단골 가능성 있는 신규 고객을 내쫓는 것이었다. 고정 고객을 만들려고 카운터에서 최선을 다했지만, 기술적인 만족이 안 되면 고정 고객으로 남지 않게 되었다.

매장이 안락하고 쾌적해도 머리가 마음에 들지 않는 고객은 다시 오지 않았다. 반면, 매일 아침 10시에 출근해서 밤 10시에 마쳤지만 돌아가면서 당번을 하며 늦게까지 손님을 받는 열성적인 디자이너도 있었다. 일도 잘하고 자기 손님도 제일 많아 가게를 먹여 살렸다. 밤

11~12시까지 일을 할 때도 많았다. 그럴 때면 집까지 차로 매일 데려다주었다. 집에 도착하면 1시였는데, 다음 날 아침에도 일찍 출근했다. 너무너무 지치고 힘들었는데 내가 할 수 없는 일을 열심히 해주는 직원들이 고마웠다. 직원들을 진심으로 챙겨주고 따뜻하게 대해주면서 일을 하다 보니 3년이 흘렀다.

항상 내가 할 수 없는 일을 직원들에게 의지하면서 운영해나가는 것의 한계를 느꼈다. 3년 후 그만두었다. 실력 있는 전 원장 밑에서 마음고생하면서 일하던 직원들이 나와 일하면서 대우받고 행복했다며 그만두는 나를 붙잡았다. 진심은 사람을 끌어당기는 것이다. 엄청나게 큰 샵을 운영하면서 진심이 통했기에 잘 마무리 지었다. 사람을 얻는 법을 배웠다.

사람을 얻는 법을 배운 후, 영업은 식은 죽 먹기였다. 곧바로 화장품 방문 판매업을 했다. 조직 사업이었기에 사람이 사람을 데려와서 그룹을 만들어야 직급이 높아져 수입이 많아진다. 토요일, 일요일, 공휴일 다 놀면서 하는 사업이라 일이라기보다 취미 생활 같은 느낌이었다. 조직 구성도 수입을 올리려고 자기들 하부에 사람을 붙여서 일했다.

나는 회사 급여 시스템 교육과 제품 교육, 제품 공급만 하면 되었다. 이전 사업이 힘들어서인지 방문 판매 사업은 힘든 줄 몰랐다. 다른 사람들은 판매 사원들이 힘들게 한다고 하는데, 나는 힘들다기보다 재미있었다. 기술자들을 관리하는 것보다는 사업 운영 면에서 주도권을 내가 쥐고 운영할 수 있어 좋았다.

진심은 통한다는 것을 알기 때문에 어떤 상황에서도 판매 사원들에게 이익이 되는 것에만 초점을 맞췄고, 진심을 다하는 영업을 했다. 오해했거나 본의 아니게 실수를 하는 것이 아닌 이상, 단 한 번도 손해를 끼치거나 개인의 이익을 앞세워 영업해본 적이 없다. 그렇게 20년 이상 방문 판매업을 하고 있다. 10년 이상 같이 근무하고 있는 사람도 많고, 최소 3년 이상 같이 일하고 있다.

화장품 영업은 판매 사원이 고객을 만나러 갈 때나 상품을 팔 때, 샘플을 주거나 판촉 활동 등이 필요하다. 본사에서 유상으로 구입해서 무상으로 판매 사원들에게 주는 경우가 많다. 예전에는 본사에서 무상도, 유상도 풍부해서 매일 출근하는 분들에게 다 주었다. 끝없이 주고 싶었다. 방문 판매 조직 사업을 하면서 사람이 이 사업을 이끌어가기 때문에 한 사람, 한 사람의 정착과 성장에만 신경을 썼다. 무엇이든지 지원하고 도움을 주는 것에 최선을 다했다. 작은 이익에 연연하거나 작은 손해에 신경쓰는 영업을 해본 적이 없다. 고맙게도 모든 직원과 판매 사원들이 오래오래 곁에서 함께해주고 있다. 진심을 알기까지 시간은 걸리지만, 영업은 정직하고 진실할 때 좋은 결과가 나오고 오래할 수 있다.

영업을 하다 보면 충성 고객이 생긴다. 즉, 팬이 생긴다. 영업을 할 때는 얼마나 많은 고정 고객이 있느냐가 중요하다. 기존 고객 1명 유치 비용은 새로운 고객 1명 유치하는 데 드는 비용 5분의 1에 불과하다고 한다.

진심을 다해 그냥 사랑해야 한다. 고객은 사랑을 원한다. 소비자의 지갑을 여는 것은 사랑이다. 사랑을 전하려면 겨울에 장작불 곁으로 모이듯 따뜻해야 한다. 위장된 것이 아닌, 순수함으로 대해야 한다. 진심으로 유대해야 상대방 가슴속에 스며든다. 마음을 움직여야 한다. 진정한 사랑을 표현할 때 성공 확률이 가장 높다.

고객은 물건을 살 때 감성적 판단과 이성적 판단이 함께 작용하지만 대부분 감성이 승리한다. 고객은 디자인, 소재, 가격이 적절한가를 따지지 않는다. 최종적으로는 '예쁘다', '저것 바르고 놀러 가고 싶다' 등의 감성의 지배를 받아 물건을 구매한다. 상품 속에 즐거움과 행복을 주는 요소를 강조해야 한다. 가슴을 향해 진심으로 말할 때, 영업은 성공한다.

우리나라는 OECD 가입 국가 중 자살률 1위, 자살 증가율 세계 1위다. 고객들은 쓸쓸하다. 외로움을 느낀다. 진심으로 사랑을 주어야 한다. 2002년 초기에 판매 사원으로 등록하신 분이 있다. 집에서 평생 남편이 주는 생활비로 살림만 하시던 분이었다. 마음은 여리고 모습은 아름다웠다. 그녀는 자녀들이 다 크고 무료하게 보내던 중, 갱년기 우울증이 와서 힘든 상황이었다. 성격도 조용한 편이고 집에만 있는 분이라 취미 생활도 마땅히 없이 외롭게 지내고 있었다. 가정 형편은 어렵지 않아서 판매 사원을 할 생각이 없었다. 그런데 매일 아침 노래 부르고 화장품 신상품 소개와 화장법 등을 알려주는 재미있는 곳이라는 말에 놀러 왔다.

일주일쯤 놀러 오다가 화장품 영업을 하게 되었다. 아침 일찍 출근해서 교육을 받고 오후에 자유롭게 활동하는 영업이다. 지각 한 번을 하지 않고 화장품 영업에 딱 맞는 모습으로 잘 차려입고 완벽하게 화장한 후 출근했다. 한 달 후 놀랍게도 300만 원의 매출을 올렸다. 매달 매출이 늘어났다.

한 번도 영업을 해본 적이 없던 분이었다. 3개월 후 재고와 고객 수, 회사 임금을 빼고 총수익을 계산해달라고 했다. 파일로 정리해서 주었다. 본인도 놀랄 정도의 수입이 한눈에 보였다. 그 후 열심히 활동하게 되었다. 남편에게 받던 생활비는 다 저축한다고 했다. 몸도 건강해지고, 마음도 건강해지고, 수입도 생긴 것이다.

사람의 마음 문을 여는 일은 쉽지 않다. 간디(Gandhi)의 명언 중 "당신 생각을 조심하세요. 그 생각이 말이 됩니다. 당신 말을 조심하세요. 그 말이 행동이 됩니다. 당신의 행동을 조심하세요. 그 행동이 습관이 됩니다. 당신의 습관을 조심하세요. 그 습관이 인생이 됩니다"라는 말이 있다. 생각이 인생까지 바꿀 수 있다는 것이다. 질문만 잘해도 많은 것을 얻는다. 질문하고 잘 들어주어야 한다. 그러면 고객은 마음을 열고 설득된다. 진심으로 말할 때 결국 마음을 여는 것이다.

고객을 위하는
마음을 가져라

출퇴근 거리가 30분 정도 소요되는 곳으로 이사를 했다. 출근 첫날부터 차가 막혀서 2시간 이상 도로에서 시간을 흘려보냈다. 7시부터 12시까지 시간대별로 사무실 출근할 수 있는 길을 찾아 조사했다. 소요시간 체크도 했다. 하지만 어떤 경로를 가도 다 막혀서 출근 시간을 제대로 맞출 수가 없었다.

퇴근은 더 심했다. 4시부터 8시까지는 집에 갈 수 있는 길이 다 막혔다. 8시 이후 퇴근을 해야 했다. 할 수 없이 사무실 근처로 이사를 했다. 이사할 때 이삿짐센터를 부동산 중개사무소에서 소개받아서 했다. 소개를 받을 때 워낙 칭찬해서 아무 의심 없이 그 이삿짐센터에 이사를 맡겼다.

자주 이사를 해보아서 이사를 잘하는지, 못하는지 바로 보면 안다. 그런데 이 이삿짐센터는 어찌나 손발이 안 맞고 이사 시간을 질질 끌며, 차량도 소형차를 여러 대 움직이다 보니 진행이 늦었다. 완전 초보들이 하는 이사였다. 점심, 저녁 식사까지 사 먹여가며 안절부절 지켜보면서 밤 10시까지 이삿짐을 옮겼다. 결국, 잘하는 이삿짐센터가 아니었던 것이다.

이런 고생을 한 지 얼마 되지 않았지만, 출퇴근 시간에 도로에 차가 정체되어 한없이 기다리는 시간이 하루 평균 3시간 이상 되니 다시 이사를 결심했다. 다시 이삿짐센터를 알아보았다. 마침 동생이 이사한 지 얼마 되지 않아 동생에게 전화했다. 친절하고 일을 잘한다며 걱정하지 말고 이사를 맡기라고 했다. 견적을 내려고 방문한 사장님은 나이가 좀 들어 보였다. 얼마 전에 맡긴 이삿짐센터는 체인이라고 했고, 아주 젊은 직원들이었다. 반면 이 이삿짐센터 직원들은 연령대가 높아 보여 제대로 할까 의심이 들었지만, 동생을 믿었다.

이사 비용도 적당했다. 지난번 이사 비용보다 저렴했다. 이사 당일 예상 인원보다 1명이 더 왔다. 또 주방 정리는 남자분이 오셨다. 이삿짐 멤버가 지금까지 많이 보아왔던 직원 구성이 아니었다. 주방을 남자가 정리한다고 해서 잘할 수 있을까 걱정이 되어 물었다. 그러자 "걱정하지 마세요. 여자보다 더 잘합니다. 믿고 맡겨보세요"라고 말했다. 다도를 오래 해서 우리 집에는 다기가 많았다. 다기들이 전부 도

자기 그릇이라 잘 싸서 옮겨야 했다.

그런데 이 많은 이삿짐들을 일사천리로 쌌다. 지켜보는 나는 아무 것도 못 하게 했다. 짐이 많아 걱정했지만, 순식간에 이삿짐을 옮겨주었다. 주방 그릇과 다기 그릇 등은 남자분이 여자보다 더 꼼꼼하고 완벽하게 정리했다. 커튼 설치, 액자 걸기, 청소까지 다 해주었다. 전 직원이 프로였고, 일을 빠르게 잘하면서 다들 표정이 밝고 친절했다.

몇 개월 전 이삿짐을 그대로 옮겼는데 그때보다 무려 4시간을 단축시켰다. 순식간에 정리하고 우렁차게 인사하며 사라졌다. 이사는 힘들다는 고정관념이 사라졌다. 감동받아 감사의 메시지를 보냈다. 이후 남동생이 이사할 때도 이 업체를 이용했다. 그로부터 한 달 후 조카가 이사를 한다고 해서 이 업체를 소개했다. 이사를 마친 조카에게 전화해보니 당연히 만족이었다.

이 이삿짐센터는 견적 낼 때 이것저것 높여서 내지 않고 정확하고, 이해할 수 있는 견적을 뽑아 추가 비용이 없었다. 전 직원이 손발이 척척 맞고, 육체적으로 힘든 이사를 고객이 불편하지 않게 해주었다. 일하는 모습이 멋있게 보였다. 6시면 이사가 끝난다는 것이 좋았다. 아들이 서울에서 이사를 하게 되어 여기저기 알아보다가 부산에 있는 이삿짐센터지만, 다시 사장님께 부탁했다. 협력업체에 연락해서 이사를 저렴하고 불편 없이 처리해주었다. 아들은 버려야 할 가구들도 있었는데, 재활용 가구들은 1층에다 옮겨놓고 대형 책상과 의자는 사무실에 옮기는 것까지 다 해주셨다.

'한번 고객은 영원한 고객'이라는 말이 생각났다. 보통 사람들은 이사를 자주 하지 않기 때문에 이삿짐센터를 잘못 만나면 이사할 때 비싼 돈을 지불했음에도 대충해주는 경우가 있다. 이번이 끝이라고 생각을 할 수도 있다. 하지만 한 번이 끝이 아니었다. 연속해서 네 집이 이사했다. 이 이삿짐센터는 직원들이 오래 근무했다고 한다. 고객을 위해 최선을 다하는 모습에 감동을 받았다. 고객을 위한다는 것이 느껴졌기 때문에 감사했다.

아무리 상품이 좋고 가격이 저렴해도 서비스가 좋지 않으면 상품을 사지 않는다. 스웨덴 경제학자 리처드 노먼(Richard Norman)에 따르면, 고객이 회사나 제품에 대해 판단하는 데는 15초 내외의 짧은 시간밖에 걸리지 않는다고 한다. 마케팅에서는 이 짧은 순간을 고객이 기업을 판단하는 결정적 순간이며, 경영 성과를 좌우하게 되는 '진실의 순간'이라고 한다. 짧은 순간 최선을 다해야 한다. 고객과 소비자가 만나야 서비스가 이루어진다. 고객이 기분이 좋고, 만족해야 매장에 재방문한다. 재방문하는 고정 고객은 고객을 소개하고 영업 홍보대사가 된다.

기분 좋고, 또 가고 싶고, 다른 사람에게 추천하고 싶은 서비스, 서비스라 생각되지 않는 편안한 응대, 고객이 바라는 최고의 서비스는 대단한 것이 아니다. 고객은 여자의 마음과 같다. 여자는 사소한 것에 크게 의미 부여를 한다.

얼마 전, 휴대폰을 떨어뜨려 액정이 깨졌다. 놀라서 서비스센터에 갔다. 직원은 "걱정되시죠? 걱정하지 마세요. 노력해볼게요" 하면서 시간이 좀 걸리니 기다려달라고 했다. 마음을 읽어주고 공감해주어 굉장히 감사했다.

고객은 이 기본적인 것만 잘 지켜주어도 충분히 감동한다. 최고의 서비스는 사소하고 가까이 있다. 고객에게 불편을 주지 않으려는 마음과 배려로, 깨진 액정은 1시간 정도 지난 후 수리가 되었다. 수리 전 휴대폰 속의 사진이나 모든 정보가 날아갈 수도 있다고 사전 공지를 했기에 걱정하는 마음으로 기다렸다. 다행히 사진과 정보가 하나도 날아가지 않았다고 말하면서 휴대폰을 건네주었다. 한마디, 한마디 할 때마다 위로하고 마음을 어루만져 주는 친절에 감동받았다. 수리비가 비쌌지만 하나도 아깝지 않았다. 나를 위해 공감해주고 성의 있는 액션을 취해줄 때, 고객은 최고의 서비스라 느낀다.

초창기 홈쇼핑은 뭐든지 잘 팔렸다. 쇼호스트들은 지금 사지 않으면 평생 후회할 것처럼 박진감 넘치는 멘트를 한다. 매일 밤 채널을 돌리며 지갑 속 카드를 꺼내면서 홈쇼핑이 마감할 것 같아 손을 덜덜

떨면서 구매하곤 했다. 블라우스, 원피스, 생선, 선식, 주방 그릇, 스팀 다리미, 보험, 김치 등 많은 것들을 샀다.

그렇게 산 것 중 한 번도 안 입거나 버린 옷도 있다. 원단이 너무 싸 구려라 입을 수가 없었다. 생선은 TV에서 보는 것보다 사이즈가 작고 살이 없어서 먹을 수가 없었고, 김치는 세상에 맛이 없어도 그렇게 없을 수가 있을까. 보험은 말할 수 없을 만큼 형편없는 보장이었다. 유명 연예인들을 믿고 샀지만 다 실패했다.

홈쇼핑에 트라우마가 생겨 이제는 아예 홈쇼핑 채널을 보지 않는다. 고객을 위하는 마음이 조금 아쉽다는 생각이 들었다. 물론 좋은 것도 있겠지만 대체로 실망했다. 지금은 예전처럼 돌을 팔아도 팔려나갈 정도의 인기는 사라졌다. 고객들이 의심부터 한다. 홈쇼핑의 인기가 시들해졌다. 나도 한두 번 당하다 보니 마음의 문을 닫아버렸다.

매일 아침, 나는 화장품을 스킨부터 마무리 선크림까지 바르고 색조 화장을 한다. 바쁘기도 하고, 순서대로 다 바르면 흡수를 좀 시키고 색조를 발라야 하기 때문에 선크림을 빼는 경우가 있다. 그렇게 선크림을 안 바르고 한 달이 지났다. 피부색도 검은 편이라 유난히 얼굴이 자외선에 잘 탔다. 세안하고 거울을 보니 얼굴이 칙칙하고 시커먼 색으로 변해 있었다. 야외 활동을 할 때는 당연히 선크림을 발라야 하지만, 실내에서도 이렇게 피부가 까맣게 탄다는 것을 알고 깜짝 놀랐다. 사무직 직장인들은 거의 실내에서만 생활하기 때문에 햇볕 자체를 쬘 일이 거의 없다. 하지만 PC 모니터를 근무시간 내내 본다. 또한, 시간이 날 때마다 스마트폰을 습관적으로 본다. 여기서 나오는 블루라이트는 피부 노화에 영향을 준다. 그래서 자외선 차단제를 꼭 발라야 한다. 실외에서 햇빛을 차단하는 선크림이 이제는 실내와 실외 모든 곳에서 남녀 모두 꼭 사용해야 하는 필수템이 되었다.

이런 선크림의 필요성에 대해 피부로 느낀 점을 모임에서 말한 적이 있다. 야외 운동을 할 때나 등산 갈 때만 바른다고 하던 사람들이 나의 경험을 듣고는 모두 공감했다. 선크림은 금액도 비싸지 않다. 저렴한 선크림으로 피부를 얼마든지 보호하고, 예쁜 피부색을 유지할 수 있다. 모임의 여러 사람이 공감하고, 선크림 사용 정보를 듣고 고마워했다. 상대방을 위하는 마음이 전달되었기 때문이다. 선크림 매출이 폭발했다. 선크림을 계기로 소모품인 화장품이 자동적으로 연결 판매되었다.

팔려고 하지 마라. 필요한 것은 알려주면 된다. 영업은 고객을 위하는 마음으로 정확히 도움을 주면 된다. 진심과 공감으로 고객의 마음을 열어야 한다.

감사하는 마음으로
먼저 베풀어라

긍정적인 주의를 기울이면 감사하게 된다. 편리한 핸드폰, 안식처인 집, 편히 쉴 수 있는 침실 등 내가 가진 것들의 가치를 재해석할 수 있는 시각이 열리면, 풍요로움을 누릴 수 있다. 감사의 눈으로 보면, 이미 가지고 있는 것에 가치를 찾을 수 있다.

방문 판매 화장품의 초창기 조직을 구축하기 위해서 영업 경험이 있거나 영업 경험이 없어도 할 수 있다는 직원이라면 다 모집했다. 경험이 없는 경우는 하나부터 열까지 다 가르쳐서 그들에게 수익이 나게 해주어야 했다. 제품 교육과 고객 확보를 위한 투자도 많이 지원했다.

영업인으로 자리 잡기까지 일일이 마음 쓰고, 격려와 관리를 끊임없이 하고 나면 홀로서기 한다. 변함없는 신뢰와 끈끈한 동지애로 어떠한 흔들림도 없이 지금까지 관계를 맺고 있다.

타사 영업 직원들 중에서는 확보된 고객에게 다른 브랜드의 상품을 영업한다는 것이 쉽다는 경우와 어렵다는 경우, 두 가지 현상을 볼수 있다. 어려움을 겪는 경우는 제품만 판 경우이고, 브랜드가 바뀌어도 쉽게 영업할 수 있는 경우는 오랫동안 고객에게 영업인 자신을 판경우다. 영업인이 어떤 제품을 취급하더라도 변함없이 고객으로 남는것은 고객에게 감사의 마음으로 끊임없이 베풀었기 때문이다.

하부 조직 관리도 잘하고 충성 고객도 많은 국장이 있다. 하부 직원에게는 집안 길흉사나 개인적인 일이 있으면 가족처럼 살뜰히 챙겨준다. 친정 어머니가 안 계신 하부 직원이 출산했을 때는 직원을 매일찾아가서 친정 어머니처럼 정성껏 보살펴주기도 했다. 또 이사하는하부 직원에게는 이삿짐 정리를 도와주었다.

고객 중에 농수산물 시장에서 장사를 하는 분이 계시는데 이 국장은 이 고객을 매일 찾아가서 도와주고 있다. 날씨가 춥거나 더운 날에도 한결같이 오랜 기간 도와주다 보니 손이 거칠어지고 피부가 많이상하기도 했다. 고생하는 것을 옆에서 보면서 혹시 일당을 받는지 물어보았다. 그런데 국장은 일당은 받지 않고 저녁에 남는 야채를 조금씩 집으로 가져온다고 했다. 너무 고생하는 것에 비해 대가가 보잘것 없어서 "왜 하냐?"라고 했더니 "그래도 비싼 건강식품을 계속 팔아주고 주변에 소개도 많이 해준다"라고 하며 웃었다.

그 고객은 국장에게 항상 감사하는 충성 고객이다. 10년 이상 거래하고 있다. 처음 농수산물 시장에 갔을 때는 제품을 구매해준 것이 고마워서 하루 도와준다는 마음으로 시작했다고 한다. 퇴근할 때 지나가는 곳이고 집과도 아주 가깝다고 한다.

하루 도와준 뒤, 바쁜 시간에 좀 도와준다는 마음으로 시작한 것이 벌써 10년이 지났다. 고생하는 것이 안쓰러워 걱정하면 항상 "고객이니까 고맙다"라고 말한다. 도움을 받고 있는 고객은 회사에서 제품 사용 후 후기라든지 이벤트에 빠짐없이 참여하며 국장의 영업에 적극적으로 도움을 주고 있다. 국장은 충성 고객을 만들기까지 오랜 시간 변함없는 마음으로 베풀고 있는 영업인이다.

한 사람이라도 아쉬웠던 초기 직원 모집 당시의 일이다. 매일 아침, 제품 교육을 30분 정도 하는데, 하루도 빠짐없이 20분쯤 지난 시간에 출근하는 영업 직원이 있었다. 지각하면 미안한 생각을 하고 조심스럽게 들어와야 하지만, 그 직원은 항상 화난 표정에 당당했다. 경력이 없는 사람이 많았던 시절, 그 직원은 경쟁사의 경력 사원이었다.

당시는 경력자 영입이 많지 않을 때였다. 경력자라는 이유로 요구

사항이나 까칠함을 감당해야 했다. 조직이 직급자와 연결되어 있어서 손해를 감수하고 마음에 안 든다고 같이 근무를 안 할 수도 없었다. 매일 보면서 사무실 분위기도 흩트리고 규칙도 무너지게 하는 불성실한 판매원과 오래 같이 근무할 수 있는 방법은 하나였다. 인간적으로 배려하며 감사하는 것이었다.

처음에는 결과에 초점을 맞추다 보니 힘들었다. 그 영업 사원은 매일 늦게 출근하고 인사성 없고 퉁명스러운 말투로 옆에 사원들과 사이도 나빴다. 그런데 그 영업 사원은 창원에서 부산까지 매일 출근하는 직원이었다. 아침마다 힘들게 출근해준다고 생각하니 고마웠다. 예쁘게 보려고 노력했다. 단점은 안 보기로 했다. 어떤 미운 짓을 해도 장점에만 초점을 맞췄다. 그 직원은 지각은 하지만 결근은 없었다. 또한, 고객이 아무리 힘들게 해도 웃으며 원하는 것을 다 해주었다. 나는 감사하는 마음으로 끝없이 칭찬하고 베풀었다. 다른 사람보다 더 많이 챙겨주고 물질적·정신적으로 베풀었다. 아무것도 바라는 것이 없었다. 단지 출근해주는 것만으로도 감사했다.

그렇게 몇 달이 지난 어느 날, 아침 제품 교육 시간에 중년 남자분이 문을 열고 무작정 들어와서 큰소리로 "여러분은 다단계에 속고 있습니다"라고 하면서 한참을 고래고래 소리 지르며 소란을 피웠다. 그때 속 썩이던 영업사원이 본인의 까칠함을 아낌없이 발산하며 조목조목 따지며 그 남자를 막아내면서 "우리 지사장이 잘못한 게 뭐가 있나 한번 말해보라"고 하면서 목소리를 높였다. 그 중년의 남자분은 본전도 못 찾고 사라졌다.

소리 지른 남자분은 방문 판매 시스템을 잘 이해하지 못했다. 부인이 방문 판매 영업을 하고 있었는데, 그것이 마음에 들지 않아 소란을 피웠던 것이다. 부인이 남편의 협조를 구하지 않고 영업을 하다가 오해가 생긴 것이다. 아무도 말 못 하고 지켜만 보고 있을 때, 그 영업 사원이 용감하게 일어나서 그분에게 대응했다.

큰소리치는 남자보다 더 큰소리치며 사무실 분위기를 근무할 수 있는 환경으로 잡아주었다. 초창기다 보니 오해가 생기면 피해를 볼 수도 있었던 상황이었다. 많은 사람이 모여 있었기 때문에 그런 여론 몰이를 해서 피해를 주려는 의도로 아침 교육시간에 맞춰온 것이다. 하지만 그 직원은 그 사람에게 따지며 사과까지 받고 내보냈다. 영업사원이 그렇게까지 나를 믿고, 우리 지사를 위해 말할 수 있었다는 것이 놀라웠다.

진심으로 배려하고 사랑한 결과다. 작은 감사로 시작한 배려와 사랑이 엄청난 결과로 나타났다. 수십 명의 판매 사원들이 더욱 확신을 가지고 일할 수 있는 계기가 되었다. 장점만 보고 감사하는 시간이 오래될수록, 없어서는 안 되는 소중한 가족이 되었다. 그렇게 서로 의지하고 도우며 어느새 10년 이상을 같이하고 있다.

당시, 출근하는 것만도 감사하다며 온갖 투정과 무리한 요구를 다 들어주는 나를 보고, 직원들은 "화가 나고 이해를 못 하겠다"라고까지 말했다. 물론 나도 화가 났다. 그렇다고 성급하게 화를 내면 안 된다. 먼저 그 감정을 다스린 다음, 화를 내야 한다. 필터링 과정도 없이 무조건 화부터 내는 것은 같이 일을 할 수 없는 최악의 상황을 만들고 만다.

감사는 상대를 생각하는 것에서부터 시작한다. 진심 없이 "감사하다"라고 말할 수는 없다. 상대에 대한 선한 생각이 없다면, 감사한 마음은 절대 들지 않는다. 나는 내게 주어진 상황에 감사하며, 주어진 만남에 감사했다. 주어진 환경이 힘들수록, 상대에게 미운 감정, 서운한 감정이 올라올수록 감사한다. 영업인이라면 주변에 베풀고 범사에 감사한 삶을 살아야 성공한다.

기회와 성공은
내 마음속에 들어 있다

고객의 선택을 받으려면 강한 정신력이 기본으로 필요하다. 또한, 뒷일 생각 말고 객관적으로 상황을 보아야 한다. 남 탓하지 말고 어쩔 수 없는 일들에 대해 멘탈이 흔들리면 안 된다. 내 마음속의 강한 정신력이 영업 성과로 이어진다. 영업에 온 신경을 집중해야 한다. 기회와 성공은 믿으면, 진짜 그렇게 된다.

20년 전, 방문 판매 화장품 영업을 같이한 남자 국장이 있었다. 경쟁사에서 전국 1등을 하는 사원이었다. 영입을 하기 위해 매일 방문하며 점심 식사를 같이했다. 한 달 후, 마음이 조금씩 변하기 시작했다. 다음은 그의 부인을 설득해야 했다. 부인은 더 어려웠다. 기존 고객이 수백 명이 있는데, 고객이 다른 브랜드를 바꾸기 힘들다는 것이었다. 부인의 협조가 없으니 영입은 점점 힘들어졌고, 경쟁사 지사장도 매일 찾아와서 부인을 설득하고 있었다.

힘들게 부인의 마음을 돌려 남편과 한마음이 되어 영입에 성공했다. 그런데 그 전에 그의 방문 판매 구역은 그의 거주지에 있었기 때문에 출퇴근에 시간이 소요되지 않았다. 그러나 우리 대리점 출근 시간은 오토바이로 1시간가량 소요되었다. 오토바이로 출근하는 것이 항상 마음이 쓰였다. 그러나 그는 최선을 다해 영업했다. 출퇴근이 그의 영업 활동에 장애가 되지 않았다. 지각, 결근 없이 하루도 빠짐없이 출근했고, 비가 오면 비옷을 입고 온몸이 젖은 채 오토바이를 운전해서 왔다.

그는 일찍 와서 지하 주차장에 내 차가 들어오면 먼저 인사를 했다. 처음에는 누굴 기다리는 줄 알았다. 그렇게 매일 함께 출근했다. 남자 국장은 전 영업사원에게 덕담과 함께 직접 차를 타서 매일 나눠주기도 했다.

화장품 방문 판매 영업을 남자가 하는 경우는 거의 없다. 하지만 그는 영업도 잘하지만, 가슴이 굉장히 따뜻한 분이다. 하루에 매일 100만 원씩 현금 수금을 했고, 하루에 만날 고객을 100명씩 매일 적어왔다. 고객이 2,000명이 넘었다.

100명을 만나기 위해 활동 구역 내에 오토바이 두 대를 가지고 영업했다. 두 대의 오토바이를 가지고 영업하는 이유를 물었다. 그는 "한 대가 고장이 나면 활동을 못 하기 때문에 항상 한 대를 여유 있게 준비해두고 영업한다"라고 했다.

365일 쉬는 날 없이 매일 온 동네를 쉬지 않고 오토바이를 타고 다니며 활동하니 유명인사가 되어 모르는 사람이 없었다. 지나가다 할머니들이 모여 계시면 막걸리나 간식 등을 사다 드리고 가족처럼 지내고 있었다. 화장품이 필요한 고객들은 언제든지 그에게 샀다. 전화하거나 주문하고 기다릴 필요가 없었다. 매일 보니 그냥 사면 되었다. 그는 영입된 후 매출을 두 배로 올리며 개인 매출 전국 1등을 했다.

여자 영업사원들은 남자에 비해 화장품 영업이 조금은 수월하다. 매일 사용하고 있고, 고객들이 대부분 여자이기 때문에 접근하기도 좋다. 방문 판매 영업은 가가호호 방문이다. 남자 국장은 고객이 늘어나기 전, 초창기에는 어려움도 많았다. 집마다 초인종을 누르면, 문을 열어주지 않아 힘들었다. 그때마다 매달 나오는 홍보용 책으로 얼굴을 가리고 초인종을 눌렀다. 화장품 모델이 찍힌 책을 보고 문을 열어주면 선하고 꾸밈없는 소박한 모습으로 영업을 했다.

예전에 그는 공장에 다녔는데, 수입이 너무 적어 생활이 힘들었다고 했다. 열심히 해도 네 식구가 먹고살 수 없었다. 영업은 자기가 노력한 만큼 수입이 나오기에 시작하게 되었다고 한다. 보통 사람들은 화장품 영업은 미모가 되는 사람, 세련된 사람, 말을 잘하는 사람이 할 것이라는 선입견을 품고 있다. 그런데 이 남자 국장은 전혀 아니다. 머리숱도 없고 매일 쉬지 않고 온 동네를 누비기 때문에 얼굴은 새까맣다. 세련되지도 않았고 말도 뛰어나게 잘하지 못했다. 처음 보는 사람은 화장품 영업에 전혀 맞지 않는다고 생각한다.

그는 "배운 것 없고 가진 것 없이 오직 처자식 먹여 살리려고 방문 판매에 뛰어들었다"라고 말했다. 모든 악조건에도 맞서 싸웠다. 그에게는 오직 성공한다는 강한 정신력이 있었다. 모두가 비웃으며 오래 못 간다고 했지만, 성공한다는 마음속의 강한 정신력은 결과로 보답했다.

'자신 있다. 잘되고 있다. 잘될 것이다'라고 끊임없이 생각하고 나아가야 한다. 긍정적인 자기 암시는 영업에 꼭 필요하다. 제품을 사랑하고 전문가가 되어야 한다. 고객의 입장에서 생각하고 잘 전달해야 한다. 끊임없이 공부하고 정보를 습득해서 전문가가 되어야 한다. 또한, 고객이 나를 좋아하게 만들어야 한다. 말을 재미있게 하거나 외모가 뛰어나다면 장점을 살려서 많은 고객을 만들어야 한다.

'말은 마음을 담은 그릇'이라고도 한다. 마음의 힘에 집중하면 고객의 가슴에 진심이 각인된다. 고객의 마음을 얻기 전에 팔려고 하지 마라. 취급하는 상품이 정직하고 충실하다면, 고객의 마음을 여는 방법은 내 마음속에 있다. 방문 판매 영업은 항상 영업하는 사람의 설득력이 평가받는다. 취급하는 상품에 대해 전혀 관심을 보이지 않는 사람에게 다가가야 한다. 필요하지도 않고, 사고 싶은 생각이 전혀 없는 고객에게 영업해야 한다. 그렇기에 배려 깊은 마음, 성실한 자세와 열정으로 도전해야 한다. 매일 도전해야 진정한 도전이다.

일반 매장 영업은 방문 판매 영업에 비해 비교적 수월하다. 일단 매장에 들어오면 반은 성공이다. 살 마음이 없는 경우도 있겠지만, 대부분 제품을 구매하려고 매장에 방문한다. 어느 날, 치과 치료를 받고 지하 상가를 지나가다 매장을 둘러보다 옷 가게에 들렀다. 들어가 보니 흰색, 검정 면티 한 장씩 사고 싶어졌다. 조금씩 모양이 다른 면티가 많았다. 선택하기가 곤란해서 물어보았지만, 직원은 성의 없게 응대했다. 사고 싶었지만 참기로 했다.

옆에 있는 매장에 들렀다. 젊은 매장 주인이 혼자 매장을 운영하고 있었다. 슬쩍 보고 지나가려고 했더니 "안쪽으로 들어와서 구경하세요"라고 했다. 망설이는 나에게 안 사도 된다면서 매장 안으로 들어오라고 했다. 들어가서 보니 살 것이 없고 내 취향도 전혀 아니었다. 그런데 여기저기서 무언가 끄집어내더니 입어보라고 하고, 이것저것 얼굴에 대 보기도 하면서 "예쁘다", "잘 어울린다", "인상이 좋다"라고 말하며 칭찬을 했다. 칭찬을 들어본 적이 오랜만이라 기분이 좋았다. 그녀는 행복해하면서 장사를 했다. 나는 결국 옷도 사고, 스카프도 사고, 모자도 샀다. 지하상가라 가격도 저렴했다. 계산 후 예쁜 가방도 선물 받았다. 하루가 행복했다. 이후 치과 치료받는 날은 꼭 가는 단골이 되었다.

매장을 찾는 고객은 직원의 대응에 따라 사려고 하지 않았던 물품을 사거나 예산보다 많은 구매를 하게 되는 경우도 있다. 다시 찾아오기도 한다. 하지만 방문 판매는 이와 상황이 반대다. 고객을 찾아 나서야 한다. 기다리거나 사려고 하는 사람이 없다. 모두 잠재 고객이다. 자기가 신규 개척해서 고객으로 만들어야 한다. 방문 판매는 거절부터가 시작이다. 고객과의 첫 만남은 언제나 냉담하다.

취급하는 상품에 대해 지식과 열정을 갖고 있어야 한다. 그리고 거절을 신경 쓰지 말아야 한다. 지금 믿고 따르는 것이 어떤 것인가. 믿음 그대로 현실이 된다. 우리의 뇌는 상상과 현실을 구분하지 못한다. 스스로 믿는 것에 답을 찾아낸다.

영업은 마음속으로 상상해야 한다. 고객을 어떻게 설득할 것인지, 고객 관리, 고객 서비스, 영업 전략, 참신한 아이디어 등을 상상하다 보면 다양한 결과가 나타난다. 풍부한 상상력 없이는 영업은 새로운 기대를 하기 어렵다. 성공한 사람들은 자신의 성공은 풍부한 상상력으로 이루었다고 한다. 마음속으로 상상하고 원대한 꿈을 꾸는 것이 성공으로 이어진다. 생생하게 원하는 것을 내 마음속에 그리고 기회와 성공을 잡아야 한다.

신용을
지켜라

고위 공직자, 연예인들의 군 복무는 국민적 관심사다. 나름 사정이 있다고 눈감아주기 시작하면 공공의 질서가 무너진다. 돈과 권력의 힘으로 국민의 의무를 저버리면 누가 그것을 지키려 하겠는가. 원칙은 반드시 지켜야 한다. 원칙에 예외를 두면 그 원칙은 의미를 상실한다. 영업하다 보면 규정상 불가능한 요구를 하는 사람이 있다. 잠시 서운하더라도 원칙에 따라 "죄송하다"라고 말해야 한다. 결과적으로는 오히려 서로에 대한 신뢰가 더 높아진다.

요즘 음식점에 가면 글씨 메뉴판보다 실물 사진이 많다. 음식점 메뉴판에 전부 메뉴 실물 사진으로 도배가 되어 있다. 처음에는 이상하게 보였지만 적응이 되니 더 이해가 빠르고 주문하기 쉬워졌다. 생생하게 묘사되어 있으니 선택하는 데 확신을 준다. 과거에 직원에게 이것저것 메뉴에 대해 물어보고 뭐가 맛있는지 추천해달라고 했던 기억이 있다. 이제는 실물 사진의 신뢰가 높으니 과거의 불편은 사라졌다.

국가공인시험은 다른 모든 과목이 만점이라도 1개 과목의 점수가 미달이면 탈락이다. 기준 이하 미달 되는 자가 있으면 조직 전체를 무너뜨릴 수 있다. 기초 공사가 튼튼해야 한다. 초석이 잘못될 경우, 건물은 붕괴된다. 사소한 것일지라도 원칙을 지켜야 한다. 높은 공감으로 신뢰를 주는 방법이 곧 신용이다. 주변을 응용하거나 사물을 예로 들어 비유하면 더 나은 신뢰를 얻는다.

매일 건강을 위해서 수련을 하고 있다. 몇 년 동안 수련해보니 몸과 마음이 아주 건강해졌다. 내 소개로 센터에 등록한 사람도 있다. 매일 봉사하는 분과 함께 센터 회원들이 거리에서 의자를 놓고 지나가는 분들의 목, 어깨, 등, 팔을 풀어주고 있다. 그 결과, 신입 등록이 많아졌다. 전단을 주면서 "건강을 위해 수련하세요" 하는 것보다 효과가 크다.

아파트 우편함에 전단을 전 세대 다 넣은 적도 있지만, 전화가 오거나 신입 등록은 많지 않았다. 무료로 마사지해주는 서비스는 고객들에게 고마움과 미안함을 준다. 마사지 서비스가 고맙고 좋으니 신입으로 등록하는 분이 많아졌다. 생생한 체험과 눈으로 보이는 효과가 신입 등록으로 이어진 것이다.

신용 영업은 답답하고 더디다. 편법이나 원칙에 어긋나는 영업은 그 순간에는 편리해 보여도 바로 문제가 생긴다. 마지막에 살아남는 자는 원칙을 지킨 사람이다. 편법의 숨은 함정을 경계하지 않으면 안 된다. 신용도 기본에 충실해야 흔들림 없고 탈이 없다. 불신이 없다. 정확하게 판매하는 것이 상품 판매의 기본이다. 달콤함 속의 함정을 경계하지 않으면 순간 모든 것이 끝난다. 묵묵히 기본을 지키고 본질에 충실한 것이 신용을 전하는 것이다.

영업사원들은 제품을 판매할 때, 보통 한 달 목표가 있다. 수금 목표와 판매 목표를 잘 관리해야 오래 영업을 할 수 있다. 판매만 많고 수금이 되지 않으면, 아무리 많이 팔고 싶어도 제품 출하가 안 된다. 회전일도 있고 보증 보험 한도도 있다. 본인의 한도 내에서 매출과 수금을 잘하는 영업사원이 대부분이다.

원칙을 잘 지키다가 판매 후 수금을 본인이 쓰고 입금을 하지 않으면, 매출만 높아지고 미수는 자꾸 쌓이게 된다. 이런 경우, 매출을 막게 되는데 이때 마찰이 일어나는 경우가 있다. 매출이 갑자기 높아진 국장이 있었다. 다음 달 수당을 미리 입금 잡고 물건을 달라고 했다. 매일 보는 직원이고 어차피 말일 마감을 하면 지급해야 할 수당이라서 선입금으로 잡고 물건을 주었다. 다음 달도 계속 같은 시스템을 요구했다. 오랫동안 쌓아온 신용이 무너지는 순간이었다.

한 사람에게 기준의 원칙이 깨지고 나니 소문이 나서 또 다른 영업 사원이 같은 요구를 했다. 보이는 매출 지향적인 사업을 하던 나는 갑자기 정신이 번쩍 들었다. 매출이 줄더라도 원칙적으로 매출 관리와 수금 관리를 했다. 입금이 안 되는 사람은 입금만큼만 제품을 출하했다. 1,000만 원씩 매출하던 사람이 반으로 매출이 떨어졌다. 몇 달의 매출 감소가 있었다.

섭섭하게 생각하던 영업사원은 다행히 수금이 정상으로 되었다. 수금이 잘되고 나니 매출은 자동으로 다시 오르기 시작했고, 매출과 수금 균형을 잘 맞추면서 오랫동안 같이 일하고 있다. 방문 판매 영업은 신용 영업이다. 제품만 지급하고 나면 영업 활동과 수금은 전부 본인이 알아서 해야 한다. 신뢰와 신용을 쌓아야만 계속 안정적으로 영업할 수 있다.

고객과의 관계도 마찬가지다. 고객을 잡아놓은 물고기라 생각하는 경우는 큰 낭패를 본다. 고객이 서비스에 관심을 두다가도 한번 이용하고 더 이상 이용하지 않는다면 큰 문제다. 신규 고객 창출보다 기존 고객을 유지 관리하는 것이 훨씬 경제적이다. 관리도 신규 고객보다 수월하다. 고객이 계속 이용하고 싶고, 더 나아가 충성 고객으로 만들려면 고객의 신뢰와 신용을 얻어야 한다.

신뢰를 얻으면 평생 고객이 된다. 신용을 얻으려면 고객에게 진정성 있게 해야 한다. 얼마나 진심인가가 중요하다. 홍보는 그럴싸하게 과장하면서 고객을 돕고자 하는 마음이 없거나 고객의 불만에 진심 어린 사과가 없다면, 영업에 실패한다.

고객에게 투명한 서비스를 보여주어야 한다. 진정성 있게 숨김없이 투명해야 한다. 고객의 소리는 열린 마음으로 경청해야 고객의 불만 제기를 바로 반영해서 처리할 수 있다. 고객의 충성도는 서비스 불만, 관리 과정에서 생길 수도 있다. 제품 불만 관리 서비스가 만족되면 다시 충성 고객이 된다.

지인 소개로 어느 과일 가게를 찾았다. 매일 아침 경매를 받아서 판매하는 곳이다. 가격도 저렴하고 맛이 뛰어나다. 집 주변에도 과일 파는 곳이 많지만, 좀 멀어도 계속 찾아간다. 봄부터 가을까지 계절마다 다른 과일이 나온다. 매일 신상품이 나오는 것이다. 어떤 과일이 나와도 가격과 맛이 뛰어나다.

선물해야 할 곳이 생기면 무조건 이 과일 가게에서 선물한다. 주변에 계속 소개하게 된다. 한 달에 한 번씩 꾸준히 선물을 보내준 곳에서 감동하면서 맛있다고 말해준다. 어떤 상품, 어떤 종류의 과일도 신뢰를 주는 과일 가게인 것이다. 귤이 맛이 있고 상한 것이 하나도 없어서 물어보니, 박스로 들어오면 다 열어서 상한 것은 골라 내고 깨끗한 것으로 다시 담아 박스를 채운다고 했다. 컵과일도 맛이 없거나 오래된 과일로 만드는 것이 아니라 제일 좋은 과일로만 담는다고 했다. 이러한 노력이 차곡차곡 신용을 쌓아 단골이 많은 과일 가게가 된 것이다. 언제든지 믿고 찾을 수 있는 과일 가게가 있다는 것만으로 행복하다.

영업인은 호감을 주는 말투와 사회적으로 성공한 사람을 연상시키는 깔끔한 옷차림이 중요하다. 전문가적인 안목을 지니고 있음을 연상시키는 말과 행동으로 '당신을 도우려는 신뢰할 수 있는 사람이다'라는 인식을 심어주어야 한다. 제품 판매에만 초점을 맞추다 보면 실패한다. 훌륭한 영업인은 제품 판매보다 먼저, 내가 신뢰할 만한 사람임을 증명해야 한다.

신뢰와 신용은 상품 판매로 연결된다. 신뢰와 신용을 주는 방법을 알아보자.

첫째, 온화한 미소를 짓는다. 둘째, 이름을 불러준다. 직급이나 직위가 있는 고객은 직급과 직위를 불러준다. 셋째, 구체적인 칭찬을 한다. 넷째, 수동적 경청이나 능동적 경청을 적절히 활용해야 한다. 수동적 경청은 듣기만 하는 것이고, 능동적 경청은 맞장구쳐주는 것이다. 제품을 팔기 전에 신용을 지켜야 한다. 항상 고객 입장에서 생각해야 한다.

손해 보는 것을
두려워 마라

방문 판매 초창기 영업사원 수가 많지 않을 때, 잠깐 동생이 영업사원으로 활동했다. 어릴 때부터 천재 소리를 들으며 장학금을 받고 학교를 다녔고, 이후 대기업을 다니다 그만둔 엘리트다. 대기업을 그만두고 얼마 되지 않아 놀고 있길래, 세상도 배울 겸 영업을 해보라고 했다.

동생은 아침에 출근해서 갈 곳이 없으니 친척 집에 갔다. 혼자 가는 것이 용기가 나지 않아 어머니와 함께 방문했다. 부자라고 소문이 나 있었기에 기대를 잔뜩 하고 가방에 화장품을 가득 넣고 갔다. 친척이 하는 온갖 집 자랑, 돈 자랑을 다 들어주었다. 하지만 어머니와 동생은 자랑만 하는 친척 집에 가서 자존심만 상하고 왔다.

처음 영업을 하면 고객이 없기 때문에 갈 곳이 없다. 그렇게 되면 대부분 지인 판매, 연고 판매를 하게 된다. 지인 판매는 상처받기 쉽다. 약속을 하고 갔는데도 집에 없는 경우도 있다. 친척 집에서는 엄마와 동생을 오래 기다리게 해놓고 어슬렁어슬렁 걸어오더니 잡상인 취급을 했다고 한다. 그래도 최대한 밝게 웃으며 가지고 간 선물을 주고 왔다. 좋은 아파트에 이사한 지 얼마 되지 않아 집들이 선물을 챙겨 간 것이다. 하지만 판매는 하지 못하고 부담을 주는 장사꾼 취급만 빋고 나오면서 참을 수 없는 모멸감이 들었고, 서러움이 밀려와 눈물이 났다고 했다. 이런 이야기를 들은 나는 가슴이 아팠다.

'영업을 하려면 자존심부터 내다 버리고 오라'는 말이 있다. 영업이나 판매는 상대방과의 관계 속에 이루어지기 때문에 자존심이 장애가 될 수 있다. 상대방의 말이나 행동 때문에 상처를 받지 않아야 한다. 그래야 거친 영업 현장에서 버틸 수 있다. 듣기 힘든 말을 하는 상대 앞에서 잠시 숨 고르기를 통해 표정 관리를 할 수 있어야 한다. 마음을 크게 먹는 순간, 세상은 나를 향해 더 크게 문을 열어준다. 잠시 참으면 될 것을 손해 보기 싫다고 분노해서 큰 싸움이 나거나 잘 지내던 사람과 평생 원수가 되거나 소중한 명예나 재산, 인간관계를 잃는 경우도 있다.

내가 판매하는 상품을 고객이 거절하는 것은 내 인격을 거절하는 것이 아니라, 상품을 아직 이해하지 못했기 때문이다. 자존심과 아무

관련이 없다. 진정한 자존심은 상대를 향해서가 아니라 스스로 향해 내세울 때 가치가 있다. 자존심을 지켜내는 것은 영업의 달인이 될 수 있는 비결이다.

영업사원이라도 무조건 저자세로 굽히는 것은 인간관계를 지속시키는 데 이롭지 않다. 영업사원은 자긍심과 자존심을 잃지 않아야 한다. 기업의 꽃은 영업이다. 누구나 잘할 수 있다. 자신감은 당당함, 자기 확신, 노력에 의해 만들어진다. 책을 보고, 강연을 들으며, 성공자와 교류하면서 노력했을 때, 이는 당당함으로 나타난다.

고객에게 냉대받거나 거절당하면 자존심이 상한다. 하지만 모든 세일즈는 거절부터 시작한다. 화장품 영업은 고객이 될 때까지 매일 가서 샘플을 주고, 책을 주며, 식당이면 서빙을 도와주고, 테이블도 닦아주며, 설거지도 해주고 온갖 투자를 다하는 경우가 많다. 그렇게 투자해도 쉽게 고객으로 다가오지 않아 시간과 노력을 손해 보는 경우가 있다.

하지만 이런 손해를 두려워하면 영업을 할 수가 없다. 고정 고객이 많이 없는 영업사원은 매일 신규 개척, 소개 개척을 해야 한다. 제품에 대해 알려야 하기 때문에 체험용 제품을 서비스해야 한다. 또한 서비스받았다고 다 고객이 되지는 않는다. 끊임없이 책을 우편으로 보내고, 회사 방문 시는 매일 출근 시간에 찾아가 입구에서 샘플을 주기도 한다.

오래 지속했을 때 1명씩 고객이 된다. 계속 기다리며 지속적인 서비스를 해야 한다. 매주 한 번씩 신규 개척 날을 잡아 1인당 200개씩 견본을 들고, 오후 1~3시까지 1년을 사무실 주변을 돌면서 개척 활동을 했다. 기분 좋게 가지고 간 견본을 다 나눠주고 들어오면 모두 행복해했다. 하지만 쉽게 고객으로 연결되지는 않았다.

그래도 1년을 진행하며 제품을 알리고 사무실 위치를 알린 덕분에 증원이 잘되어 개척을 다녔던 장소의 가까운 곳에서 영업사원으로 많이 왔다. 1년이란 세월을 투자하고도 바로바로 판매가 되지 않을 때는 '개척 행사를 그만둘까?' 하는 생각도 들었다. 하지만 결국 손해가 아닌, 증원이라는 이득으로 돌아왔다. 한참 후에 사용해보니 좋았다면서 찾아오는 고객도 생겼다.

대부분의 사람들은 타인에게 인정받고 싶고 우월해지고 싶은 마음에 자존심을 내세운다. 하지만 시련과 성공이 동전의 양면이라는 이치를 깨달아야 한다. 시련이 있어야 성공도 있다. 시련을 의지를 불태울 연료로 삼아야 한다. 성공한 영업인은 자존심에 연연하지 않는다. 큰 자존심을 위해 작은 자존심을 버려야 한다. 지나고 나면 작은 자존심은 성공 스토리 속의 초석이 된다.

집집마다 찾아다니며 영업하던 시절에는 초인종을 누르면 잠든 아이를 깨웠다고 욕먹고, 사나운 개가 달려들어 혼비백산하며 도망치기도 하고, 무단 침입이라며 물세례를 받기도 하는 등, 종일 문전박대 당하기도 했다. 하지만 수많은 거절 후에도 다음 집을 방문할 수 있는 프로 영업인의 자세가 필요하다. 시대가 바뀌어가면서 영업의 방법이 바뀌고, 영업인의 역할이 변해도 영원한 세일즈 정신은 계속 도전하는 것이다. 아무리 많은 거절을 당해도 다음 고객을 웃으면서 만날 수 있는 것이 영업인의 정신이다.

고객을 10명 만나면 1명 계약되고, 100명 만나면 10명 계약된다. 감정의 동요 없이 지속해서 활동량을 늘리는 것이 답이다. 그 속에서 노하우가 생긴다. 영업은 수학 공식이 아니다. 노력으로 결과를 만들어야 한다. 인간의 가치는 노력의 양을 증명하는 자신과의 싸움이다. 내가 세운 목표를 노력으로 달성하고 증명하게 되면 자존감이 올라간다. 당당해진다.

판매 만족 고객은 최고의 후원자다. 연세가 있던 어느 여성 기업인이 우리 화장품을 쓰고 난 후, 보는 사람마다 피부가 좋아졌다고 하면서 무엇을 쓰는지 물어보았다고 한다. 사업도 하고 바쁘기도 하지만, 모임도 많고 베풀기도 좋아하는 고객이었다. 이 고객은 보통 모임에 갈 때 60개 정도의 제품을 사서 주변에 선물했다. 자주 여행을 가는데 갈 때마다 선물용으로 제품을 60~70개씩 사서 나눠준다. 그렇게 선물 받은 사람들은 너도나도 써보고 주문이 들어왔다.

고객은 피부가 좋아지면서 제품에 만족하고 많은 사람을 소개해주었다. 자기에게 맞고 만족한 고객을 잘 찾아야 한다. 영업인을 좋아하고, 영업인을 믿고 신뢰하는 고객은 충성 고객이 된다. 이 고객이 선물한 제품이 영업인의 매출로 연결되는 결과로 나타났다. 제품의 만족과 영업인에 대한 믿음으로 영업을 도와주는 협력자가 된 것이다.

이 고객은 평소에는 자식들이 모두 성공해 타지에 있어서 잘 오지도 않는다고 했다. 그래서 영업인은 주말이면 고객을 찾아가서 식사를 함께하고, 애로사항이나 불편사항 등을 해결해주면서 가족같이 지내고 있었다고 한다. 시간과 노력을 기울이고 부모처럼 섬기면서 진심을 다한 것이 엄청난 고정 매출을 올려주는 충성 고객으로 돌아왔다.

퇴근길에 마트를 들리면 시식 코너가 있다. 배가 고프기도 하지만 시식을 하면 대부분 그 제품을 사게 된다. 과일 가게에 가도 맛을 보여주는 것을 먹으면 또 산다. 내가 누군가에게 베풀었을 때 그 감동이 선한 영향력이 되고, 그것이 결국 나에게 다시 되돌아온다.

먼저 베풀고 손해 보는 것을 두려워하지 말아야 한다. 친절하게 남을 도우려는 자세를 가진 영업인은 자신의 눈앞에 보이는 이익보다는 정말 좋은 서비스와 제품을 주기 위해 노력한다. 성공하는 사람들 대부분이 먼저 주는 유형의 사람들이다. 수입은 영업인이 얼마나 많은 사람들에게 도움이 되고, 그 도움이 그들에게 얼마나 효과적인지에 따라 결정된다.

3

말하는 법만 바꿔도
바로 매출이 오른다

내성적인 그녀는 어떻게 영업의 달인이 되었을까?

01

말하는 법만 바꿔도
바로 매출이 오른다

내 마음 같지 않은 고객을 내 마음과 같을 거라 짐작하고 단정을 내리기 때문에 영업에 실패하는 것이다. 고객의 마음을 짐작하고 단정 짓는 것은 고객과의 소통을 가로막는 것이다. 나를 제외한 모든 사람이 내 마음 같지 않다. 가족도 마음이 같을 수 없다. 진짜 고객이 듣고 싶어 하는 것을 발견해야 한다.

영업인의 생각대로 고객이 그대로 할 것이라 기대하면 안 된다. 사람의 생각은 각자의 의도대로 조정이 가능하다. 모임에 가면 자기소개를 하는 경우가 종종 있다. 여러 사람이 차례대로 소개할 때 그 사람의 선언대로 믿게 된다. "제가 아는 것이 별로 없다. 지금 배우는 입장이라 부족하다"라고 소극적인 자기소개를 하면 아마추어로 보인다. 반대로 당당하게 자신감 있게 말하면, 자기가 선언한 대로 믿게 된다.

그리고 자신감 있는 사람으로 이미지가 형성된다.

직원들에게 혈액형을 묻는 경우가 있었다. 대부분 A형인 직원은 "나는 소심한 A형"이라고 말한다. 그러면 당연히 '소심하구나'라고 선언한 대로 믿는다. 한번 선언하면 이미지는 바꾸기 어렵다. 다이소의 경우, 1,000원짜리 저가 물품을 판매하는 이미지가 있다. 가격을 높이면 다이소의 이미지와 상반된다. 저가 정책이 모토다. 다이소가 1,000원 가게의 정체성을 깨면 다이소는 존재하지 못한다. 박카스는 피곤할 때 마신다. 목이 아프면 용각산이다. 고객은 브랜드나 제품 이미지에 끌려서 선택한다.

화장품 영업을 하다 보면 남성용 화장품은 매출이 많이 나오지 않는다. 남성용은 보통 아내가 남편에게 사주는 경우가 많다. 여성용은 매달 신상품이 쏟아진다. 계절별, 피부 타입별, 지성용, 건성용, 기미 있는 피부, 여드름용 제품 등이 있다. 미백 라인, 수분 라인, 탄력 라인 등 제품도 다양하다. 저가부터 몇백만 원까지 있다. 제품 용기도 다양하다. 제품 용기는 계속 업그레이드시켜 시대에 맞게 디자인이 세련되고 고급스러운 것이 계속 나온다.

광고도 최고의 연예인들이 한다. 김태희가 쿠션 광고를 한 적이 있다. 다른 연예인이 1년 정도 광고하다가 김태희로 바뀐 경우였다. 아침에 출근하자마자 사무실 전화통이 불이 났다. 방문 판매 초기였기 때문에 제품 인지도가 높지 않을 때였다. 하루아침에 제품 주문이 폭주했다. 어떻게 사무실 전화번호를 알았는지 신기하기도 했다. 어제까지 잠잠하던 매출이 폭발했다. 하루아침에 난리가 나서 알아보니 전날 밤에 김태희 TV 광고가 나갔다는 것이었다.

반면 남성용 화장품은 우스갯소리로 "남편, 좋은 것 사주면 바람난다"라고 하며 비싼 것은 안 사준다. 남성용 화장품은 대체로 계속해서 신상품이 나오지 않는다. 용기가 고급스럽지도 않다. 종류도 피부 타입별, 계절별이 없다. 아주 간단하게 제품이 구성되어 있다.

영업인이 판매 시 남성용 화장품 구매자가 아내이거나 어머니인 경우가 많은데, 남성을 공략해서 판매가 이루어졌다고 하더라도 반품을 하거나 아내에게 혼나는 경우가 있다. 아내가 거래하는 곳이 있기 때문이다. 요즘 젊은 세대는 많이 달라지긴 했다.

진짜 고객이 듣고 싶어 하는 재료를 발견해야 한다. 세일즈 멘트를 하고 싶다면, 먼저 고객이 듣고 싶어 하는 내용을 찾아야 한다. 고객이 듣고 싶어 하는 것이 무엇인지 알려고 노력해야 한다. 고객의 감정을 공략해서 마음을 잡는 설명을 해야 한다. 고객의 말을 잘 들어주어야 한다. 잘 듣고 고객과 마음의 거리를 좁히는 자세로 겸손하게 설명해야 한다. 완벽한 마음의 일치는 없기에 맞춰나가야 한다.

내 상품과 서비스는 내가 전문가다. '내가 알면 상대방도 잘 알 것이다'라는 생각은 오류다. 영업인이 어렵게 말하면 고객은 아는 척은 할 수 있지만, 실제로 잘 알지 못한다. 고객의 수준에 맞게 대해야 한다. 상대의 눈높이에 초점을 둔 설명이 세일즈 화법의 방향이어야 한다.

보통 남편들은 아내에게 똑같은 잔소리를 반복해서 듣는다. 퇴근후 양말을 빨래 통에 넣지 않거나 양말을 뒤집어 벗어서 매일 같은 잔소리를 듣는다. 어쩌다 양말을 바로 벗어 빨래 통에 넣었다 하더라도 며칠 후 다시 예전에 하던 대로 해서 잔소리를 듣는다. 영업 역시 마찬가지다. 정신 차리지 않으면 습관은 또다시 영업인의 발목을 잡는다. 오늘 영업이 잘 마무리되었다고 안심하면 안 된다. 내일 또 발목잡힐 수 있다. 고객에게 어려운 설명을 해서 고객을 고생시키는 것을 늘 조심해야 한다.

영업인은 어떤 제품을 설명하느냐가 중요한 게 아니라, 누구에게 설명하느냐가 중요하다. 고객에 맞춰 설명해야 한다. 고객의 말을 잘듣고 잘 말해 고객의 감정을 공략해야 한다. 또한, 영업인은 고객의 말을 잘 들어야 한다. 고객의 이야기를 들어주지 않으면 아무 의미가없다. 듣는 것이 중요하다. 고객은 누군가가 자신의 이야기를 진심으로 들어주기를 바란다. 고객뿐만이 아니라 모든 사람은 누군가가 자신의 말을 잘 들어주는 사람을 최고로 생각한다.

손목이 아파서 손목에 끼워 손목이 흔들리지 않게 고정해주는 제품을 사기 위해 의료용품 매장을 찾아갔다. 6시가 조금 지나서 갔더니 문이 닫혀 있었다. 다음 날 조금 일찍 찾아갔다. 문을 열고 들어갔더니 매장 주인이 TV를 보고 있었다. 조금 무안했다. 꼭 사야 하는 손목 보호대였기에 필요한 것을 설명했다. 제품이 있긴 했으나 손에 끼워보니 아픈 곳에 전혀 압박이 안 되고, 아프지 않은 곳에 힘이 들어가는 제품이었다.

"아픈 곳은 여기인데 다른 곳에 힘이 들어가네요"라고 말하니 내 말은 듣지도 않고, 자기 말만 하면서 이것을 사라고 강요했다. 꼭 사야 했지만 아무리 생각해도 사용감이 좋지 않았다. 의료용품 주인은 고객의 말은 듣지도 않고, 자기 말만 하면서 제품을 강매했다. 결국, 나는 사지 않고 나와서 조금 비싸긴 했지만, 건너편 약국에서 친절한 약사님의 설명을 듣고 제품을 샀다.

경청은 고객을 움직이는 기대요소를 고객 스스로 말하게 만드는 최고의 방법이다. 들어주면 고객은 자신의 필요 사항을 알려준다. 들어주어야 한다. 들어주면서 계속 반응해주어라. 그러면 고객은 끊이지 않는다. 영업인의 뛰어난 설명을 잘 들었다고 해도 고객의 최종 선택은 감정이다. 말하는 화법을 연구해서 영업 화법을 구사했다고 하더라도 그 화법이 고객의 감정 공략을 못 하면 판매로 연결은 어렵다. 그 감정을 잘 바라보고 응대해야 한다.

바로 선택하게 해야 하는 이유를 설명해야 한다. 고객은 이익 우선이다. 이익이 될 때 움직인다. 영업인은 고객이 좋아서 사는 것이 아니라 필요해서 산다는 것을 알아야 한다. 필요한 것에 초점을 맞추면서 영업해야 한다. 무조건 들이대면서 영업하면 안 된다. 고객의 믿음을 쌓은 후 호의적이고 친밀한 관계가 형성되면 제품을 설명하고, 자신감 있는 확신에 찬 목소리로 설명해야 판매로 연결된다.

말 잘하는 사람이
영업이 부진한 이유

말을 할 때, 어떤 부분을 조심해야 내가 좀 더 품격 있는 사람이 될 수 있을까? "나잇값 못하고 말을 가볍게 한다"라는 말을 듣는 사람이 있다. '말을 고치는 것은 별로 어렵지 않다'라는 생각을 먼저 해야 한다. 자주 자신의 언어 습관을 돌아보아야 한다. 스스로 체크하는 것이 중요하다.

영업사원 중에 유독 불평불만이 많은 사람이 있었다. 그는 매일 아침 출근하면 전날 만난 고객들의 흉을 보았다. 영업하는 사람들이다 보니 빠르게 공감하게 되어 분위기가 고객 험담으로 흘러가는 경우가 많았다. 고객 흉을 보는 것에 끝나지 않고 습관이 되다 보니 같이 맞장구치던 동료가 잠시 자리만 비워도 동료를 욕하는 사람이 되었다. "고객에게 실컷 설명해서 판매가 일어났는데 남편에게 혼이 났다며 반품했다. 그 고객 때문에 미치겠다. 죽겠다. 뚜껑이 열린다. 고객 본인이 사용할 것인데 남편 핑계를 댄다"라면서 느끼는 그대로 과장해서 내뱉는 것이다. 이런 태도를 버려야 한다.

스스로 자각하는 것만으로도 실수를 줄일 수 있다. 평소 복수와 저주를 퍼붓는 사람도 간혹 있다. "잘되나 보자. 절대 가만 안 둔다"라고 말하는 사람도 있다. 또는 직장 상사를 욕하는 경우는 허다하다. "더럽고, 치사해서 때려치워야겠다", "당장 회사 그만둔다"라고 말하고 다니는 사람도 주변에 많다. 그러나 정작 때려치우는 사람은 말없이 그만둔다. 감정적으로 그대로 내뱉으면 주변 사람들이 만만하게 본다. 직장에서 성공하기 어렵다.

모임에 가면 상대방의 상황을 고려하지 않고 말하는 경우가 있다. 한 달에 한 번 모임이 있는 날이었다. 직장 생활을 하는 경우, 명예퇴직 연령대가 되었다. 남편이 실직 상태여서 마음이 편치 않은 회원이 있는데도 아랑곳하지 않고 "우리 남편이 임원이 되어 내가 쏜다" 하면서 큰소리치는 사람이 있었다. "남편이 이제는 꽃길만 걷게 해준다고 했다. 우리 남편 고생했지" 하면서 기쁨을 감추지 못한다. 이는 말을 아무 생각 없이 하는 것이다.

취업이 안 되어서 대학 졸업 후 몇 년씩 놀고 있거나 아르바이트로 여기저기 용돈벌이 하는 사람 앞에서 "대기업 가야 하는데 중소기업 갔다"라는 식으로 상대방을 고려하지 않는 말을 하는 사람도 있다. 기독교에서는 "한 영혼이 천하보다 귀하다"라는 말이 있다. 사람이 일상을 살면서 희망의 메시지를 타인에게 나눠주는 것은 남을 위해서도, 나를 위해서도 중요한 일이다.

업무상 연결이 되어 있어 안 볼 수 없는 사람이 있다. 평소 자기 관리도 잘 안 하고, 말도 함부로 하는 사람이다. 오랫동안 보았지만 단한 번도 좋은 말을 한 적이 없다. 남을 헐뜯는 사람이다. 무슨 말만 하면 "장난해? 아서라. 아무나 하는 것 아니다"라고 말한다. 아침에 눈만 마주치면 "꼴이 그게 뭐냐?"라며 외모를 비하하는 말을 쏟아낸다. 워낙 성격이 강해서 다들 가까이하기 싫어한다.

정작 자기에게는 누구도 비위 거스르는 말을 못 하게 한다. "네가 뭔데 나를 판단해? 나는 누구한테도 판단받지 않는다"라고 말한다. 대부분의 사람은 부정적 판단을 당하는 것은 싫어한다. 누구를 판단하지 않는 품격 있는 태도를 지녀야 한다.

후배나 나이 어린 사람에게 자기 기준을 가르치려는 것은 품격을 떨어뜨리는 일이다. 자기 기준으로 충고하는 것은 옳지 않다. 상대가 요청하지 않은 조언은 절대 하면 안 된다. 예의가 아니다. 조언이나 충고는 허락받고 해야 한다. 참견, 조언, 잔소리는 모든 인간관계를 꼬이게 한다. 잘 모르는 사람에게는 참견하지 않아야 한다.

시아버지께서는 시어머니가 돌아가신 후, 재혼을 하셨다. 그 당시 우리는 한 달에 한 번씩 시댁을 갔다. 어느 날, 시댁에서 내가 위가 아파 음식을 제대로 못 먹었다. 새시어머니께서는 죽을 끓여서 아무도 못 먹게 하고 내게만 주셨다. 솜씨가 좋아 맛이 아주 좋았다. 맛있게 먹고 기운을 차려 집으로 오려는데, 보자기에 죽을 한가득 챙겨주셨다. 놀래서 아버님과 어머님 드시라고 손사래를 쳤지만, 막무가내로 가져가서 먹으라고 하시며 챙겨주셨다. 감사한 마음에 몸 둘 바를 몰랐다. 죽 양이 너무 많아 며칠 동안 죽만 먹었다.

며칠 후 평생 처음으로 아버님께서 전화를 하셨다. 귀가 잘 안 들리시는 시아버지께서는 다짜고짜 큰소리로 "죽을 먹었으면 고맙다는 인사를 해야지!" 하면서 화를 내셨다. 너무 놀랐다. 안 그래도 죽을 별로 좋아하지 않던 나는 양이 많아 며칠 먹으면서 조금 힘들었기 때문이다. 그래서 아버님, 어머님 드시라고 몇 번이고 말했음에도, 시어머니께서 거절할 수 없을 정도로 죽을 싸주셨다. 애정 어린 마음으로 솥단지째 너만 먹으라면서 주셨기에 보약처럼 먹었다.

아버님의 불호령에 말문이 막혀 아무 말도 못 하고 전화를 끊었다. 잘해주고 난 후, 참견, 잔소리, 조언을 하는 경우가 있다. 정작 받는 사람은 해달라고 하지 않았음에도 해주고 잔소리하는 것은 스스로 권리를 부여하는 것이다. 원하지 않는 사람에게 자기 방식으로 베풀고 난 후, 잔소리와 서운함을 표한다. 하지만 그런 의도의 대화는 상대가 원하지 않는 방향이다. 너도 좋고, 나도 좋은 대화가 중요하다. 상대 입장을 충분히 고려해서 이야기해야 한다.

말을 잘하는 것과 잘하는 척하는 것은 다르다. 말을 유창하게 잘하는 사람이 있다. 유창하고 막힘이 없기 때문에 신경을 쓰지 않으면 말을 잘하는 척하는 사람을 감별하기 어렵다. 하지만 조금 신경 쓰면 그들의 허점을 충분히 눈치챌 수 있다. 말만 유창하게 하는 것과 말에 오류가 없고 설득력이 높은 것은 별개다.

말을 잘하는 척하는 사람은 말하는 것 자체는 막힘 없이 술술 한다. 하지만 그 내용에 허점이 있다. 설득력이 부족하다. 말을 진짜 잘하는 사람들은 자신의 주장에 꼭 근거가 있다. 자신의 말에 설득력을 높이고, 허점을 줄이기 위한 수단을 사용한다. 상대방의 입장에서 이해하기 쉬운 단어를 쓰려고 노력하기 때문에 주장과 근거의 관련성이 높다. 말을 잘하는 척하는 사람은 근거와 관련성이 부족하고, 사실로 확인되지 않은 부분을 사실인 양 근거로 내세운다.

화장품의 경우, 골프를 자주 치러 다니는 고객에게 "이 미백 제품은 검게 탄 피부를 맑고 밝게 해줄 수 있다"라고 설명해주었다. '왜냐하면, 내가 써보니 피부가 하얗게 되고 피부톤이 개선되었기 때문'이라는 근거를 제시한다. 사실적 근거는 실제 사용 경험이 최고다.

사실적 근거와 이론적 근거를 추가해서 자신의 주장에 설득력을 높인다. 말을 잘하는 사람은 사실적 근거와 비유를 예시로 들어 상대가 이해하기 쉽게 자신의 말에 설득력을 더한다. 비유는 말의 지루함을 없애주고 상대방의 이해를 돕는다. 말은 직설적으로 표현해야 한다. 말에 설득력과 논리가 있으려면 주장이 깔끔하고 명백해야 한다. 이해하기 쉬운 표현으로 근거 있는 말을 하는 것이 말 잘하는 영업인이 되는 가장 정확한 방법이다.

슬픔에 빠진 친구에게 고맙다는 이야기를 들은 적이 있다. 나는 아무것도 한 것이 없이 그저 "힘들겠다, 안타깝다"라며 들어주기만 했을 뿐인데, 친구는 내게 "고마웠다. 덕분에 슬픔을 이겨내는 데 많은 도움이 되었다"라고 했다.

대화란 주고받는 것이다. 하지만 그 주고받는 것이 꼭 말이어야 할 필요는 없다. 상대가 많이 알고 논리적이며 말을 유창하게 해도 즐겁지 않은 이유는 대부분 자기가 하고 싶은 말만 하고 내 이야기를 경청해주지 않기 때문이다.

매출로 이어지는 말은 절제되어 있고, 과도한 제스처도 사용하지 않는다. 상대를 주인공으로 만들어야 한다. 상대방의 현재 상태와 마음을 중심으로 이야기해야 하며, 거기에 초점을 맞춘 공감만 해주면 된다. 내 이야기는 하지 말고 들어주는 것만으로 내가 원하는 말이 잘 통하게 된다. 이런 사람이 말 잘하는 영업인이다.

영업에도
금기어가 있다

영업인이 자칫 실수하게 되는 것이 있다. 말하는 사람과 듣는 사람의 지식 격차를 생각하지 않고 말하는 것이다. 고객의 입장에서 역지사지로 생각해야 한다. 한 번만 보아도 머리에 새겨지는 문구와 말이 되어야 한다. 이해가 쉬운 언어를 사용해야 한다. 한 번 읽고 다시 한 번 더 읽어야 되는 것은 죽은 언어다.

휴대폰 매장의 경우, '최저 가격, 친절 상담, 즉시 개통'이라는 오랫동안 써온 식상하고 뻔한 말을 많이 쓰고 있다. 이제는 뻔한 말은 금물이다. 영업인들은 매주 월요일만 되면 고객에게 공동 멘트를 보낸다.

"힘찬 한 주 되세요. 좋은 하루 되세요."

이는 쓰나마나 한 말이다. 이제는 각각의 고객에게 맞춘 말을 건네야 한다.

  예를 들어보겠다. 방송국에 면접을 보러 가서는 면접관 앞에서 "떨리네요"라고 말한다면 "생방송입니다. 가세요"라고 할 것이다. 또 "아는 게 별로 없는데요"라고 한다면, "많이 배우고 오세요"라고 할 것이다. 스스로 자폭성 언어를 사용하면 안 된다.

  사무실 근처에 허름한 식당이 있다. 현대식 건물도 아니고, 화려한 시설도 갖춰져 있지 않다. 가정집을 개조해서 식당을 하는 곳이다. 카드도 되지 않을 것 같았다. 우연히 식사를 하고는 깜짝 놀랐다. 너무 맛있었기 때문이다. "혹시 카드도 되나요?" 했더니 카드도 된다고 했다. 카드 계산 후 사장님께 '신용카드 환영'이라고 가게 앞에 써 붙이라고 했다. 사장님께서는 바로 신용카드 환영이라 써 붙였다. 며칠 후 다시 가본 그 식당은 발 디딜 틈 없이 손님이 많았다. 신용카드 환영이란 문구에 회식 손님들이 몰려왔다고 했다.

  고객은 한마디로 고슴도치라고 한다. 안으로는 따뜻하나 밖으로는 까칠하다. 깊이 속으로 파고들어야 한다. 생활 밀착형 언어를 사용해야 한다. 농민들이 쌀값 데모를 하는 것을 뉴스로 본 적이 있다. 데모를 보면 불편한 마음이 든다. 데모를 불편하게 바라보아서는 농민들의 마음에 공감하긴 어렵다.

'농부들에게 밥 한 공기 500원만 보장해주세요' 이렇게 '전체를 올려달라'가 아닌 밀착형으로 말해야 한다. 그러면 '유통이 마진을 다 먹었구나'라고 생각하게 된다.

오래전, 영화 〈타이타닉〉을 보았다. 한참이 지난 지금까지도 잊히지 않는다. 감정이 실린 대사는 금방 눈물을 뚝뚝 흘리게 만들고 몰입시킨다. 반면 어색한 대사와 행동은 영화 전체 흐름을 망치고 집중력을 흩트려놓는다.

영업 멘트 말투도 이와 같다. 영업의 고수는 고객의 마음을 상하게 하는 말을 하지 않는다. 말 한마디가 전체 흐름을 망친다는 것을 안다. 강하게 밀어붙이는 영업 방식은 통하지 않는 시대다. 고객의 마음을 읽고 신뢰를 얻는 말을 할 줄 알아야 한다. 고객에게 해야 할 말과 해서는 안 되는 말을 구분할 줄 알아야 한다.

'웃는 얼굴에 침 못 뱉는다'라는 말이 있다. 그러나 미소 띤 얼굴이 영업을 망친다. 처음 미팅이나 첫 방문 시 너무 방긋방긋 웃으면 백발백중 무언가 팔려고 한다는 것을 고객은 경험상 알고 있다. 대부분의 사람들은 처음 보는 낯선 사람이 과하게 웃는 얼굴로 접근하면 피하게 된다.

정기적인 방문이나 이미 나를 알고 있는 사람에게는 방긋 웃는 것이 도움이 된다. 하지만 처음 보는 자리에서는 진지한 표정이 더 신뢰를 준다. 당당하고 자신 있는 모습과 진지한 표정이 상대에게 호감을 안겨준다.

영업사원이 투덜거리며 사무실에 들어왔다. 고객과 약속을 1시간 간격으로 잡았는데, 6시까지 만나기로 한 약속을 30분 늦은 6시 30분에 도착한 것이다. 저녁 퇴근 시간이라 차가 예상 밖으로 많이 막혔기에 헐레벌떡 약속 장소에 갔다. 고객은 20분 먼저 와서 기다렸기 때문에 50분을 기다린 셈이 되었다.

영업사원은 "늦어서 죄송합니다. 차가 막혀서 늦었습니다"라고 말하고 허리를 숙였다. 하지만 계약은 성사되지 않았다. '늦어서 죄송하다'라는 말은 영업에서는 절대 금기어다. 영업은 예정대로 진행되지 않을 때가 많다. 약속에 늦는 경우가 있다. '할 수 없지'라고 안일하게 생각하면 안 된다.

지각을 가볍게 여기는 것은 큰 잘못이다. 고객이 이해한다고 해도 기분은 좋지 않다. 차 막히는 것을 감안해서 시간을 조정해야 한다. 지각을 하는 영업인이라면 부정적인 인식을 가진 상태로 대화를 시작하게 된다. 그럼 결과는 뻔하다. 조금 일찍 약속 장소에 도착해야 한다. 특히 사회 경험이 많거나 직급이 높은 사람일수록 지각에 관대한 사람은 없다.

잘나가는 영업사원과 영업을 못하는 사람은 큰 차이가 있다. 영업을 못하는 사람은 배운 지식과 제품의 특징을 끝까지 일방적으로 말한다. 그러나 영업을 잘하는 영업사원은 고객에게 이야기 중간중간 "이해가 되시나요?"라고 질문하며 반응을 확인한다.

일방적인 대화가 아닌, 서로 소통하며 이야기를 나눈다. 일방적인 설명이 아닌, 적절한 질문과 유머를 섞어가며 말한다. 비싼 것을 팔 때는 고객 입장에서 가격 이상의 가치가 있다고 느낄 수 있게 구체적인 이익을 제시해주어야 한다. 있는 그대로의 모습으로 영업해야 한다. 영업의 고수인 척하지 않아야 한다. 제품을 못 파는 이유는 영업사원의 말이 너무 어눌하거나 성격이 어두워서가 아니다. 사실은 성격이 어두운데 밝은 척하기 때문이다. 평소 모습으로 영업해야 한다.

모든 사람을 내 고객으로 만들려고 하지 마라. 영업은 확률 게임이다. 악성 고객에게 휘둘리지 마라. 단, 잘못이 무엇인지는 알아야 한다. 영업할 때, 혼자서 말하지 마라. 지루하게 하지 말아야 한다. 화장품을 사려는 고객에게 '사용자가 누구인지', '선물용인지, 고객 본인이 사용할 것인지' 질문을 하면 답을 준다. 그 후, '피부 타입이 지성인지, 건성인지', '미백을 원하는지, 탄력을 원하는지' 고객의 답변에 맞게 제품을 판매한다. 고객과 소통 없이 영업인이 팔고 싶은 제품을 밀어붙이면 판매는 이루어지지 않는다.

차를 사려고 매장에 갔다. 온갖 차 브랜드가 다 있었다. 이 브랜드, 저 브랜드 다 들러서 물어보고 처음부터 마음속으로 정해둔 차 브랜드에 들어갔다. 외제 차에 대한 상식은 이미 여러 곳을 둘러보며 알게 되었다. 그런데 사려고 들어간 브랜드 영업사원은 내가 뭘 묻고 싶은지 질문도 없이 혼자 30분 이상 설명을 늘어놓았다. 지치고 피곤해서 계약하러 갔다가 그냥 나왔다.

같은 브랜드를 다른 곳에서 영업사원의 설명도 필요 없이 색상과 차 사양만 이야기하고 계약했다. 계약한 곳의 영업사원은 어리둥절해하며 골프 가방과 골프 우산에 꽃바구니까지 챙겨주며 감사를 표했다. 꼭 사겠다는 사람도 내쫓는 영업인의 혼잣말은 영업에서는 절대 금기어다. 고가를 팔 때는 가치와 기준을 말해야 한다.

백화점에 가서 고가의 샤넬이나 에르메스 핸드백을 살 때, "왜 이렇게 비싸요. 깎아주세요" 하지는 않는다. 명품백이라는 가치와 가격 기준이 정해져 있음을 알기 때문이다. 고가의 명품이나 옷을 비싸게 사는 사람도 시장에 가서 콩나물이 3,000원이면 "전에는 1,000원이었는데 올랐나? 비싸네" 하고 안 산다. 고객은 콩나물이 1,000원의 가치라는 기준을 가지고 있기 때문이다.

'이 정도의 제품은 이 정도의 가격이 기준이다', '시장의 기준은 어느 정도이며, 내 제품은 어떤 가치를 가지고 있는지' 고객에게 알려주고, 가격을 이야기해야 판매가 이루어진다. 가치와 가격을 알지 못하면 영업은 성공하지 못한다.

영업인들이 해서는 안 되는 말인 줄 알면서 종종 하게 되는 말이 있다. "사실은, 솔직히 말해서, 어차피"로 시작하는 말이다. 이는 상대방에게 불쾌감을 주거나 신뢰를 잃을 수 있다. 고객을 잘 살피고 말을 해야 한다. 정서적으로 온도가 다르고, 그 온도 차이가 많이 느껴질 때 고객은 떠난다.

손님이 많이 없는 매장에 들렀다. 직원들끼리 화기애애하게 웃고 떠들며 신나게 놀고 있는 중에 들어갔다. 갑자기 조용해지더니 판매 사원이 차갑고 냉정한 목소리로 "어떤 것을 찾으세요?"라고 낮고 냉랭하게 말했다. 조금 전의 모습과 다른 표정과 목소리에 미안하고, 불편한 마음에 바로 나와버렸다. 응대 품질은 동등해야 된다.

미국 44대 대통령인 버락 오바마(Barack Obama)는 최초의 흑인 대통령이다. 사랑받는 대통령의 말은 무엇이 다른가 살펴보니, 그는 모두를 수용하는 긍정문을 많이 사용한다. 다음 문장은 2017년, 오바마의 마지막 대중 연설이다.

"변화를 위해 살아가고 숨 쉬는 모든 분들께 말씀드립니다. 당신은 모두가 바라는 최고의 지지자이자 조직자입니다. 그래서 우리가 여기 지금 모여 있는 거죠. 당신들이 세상을 바꾸었으니까요."

그는 모두를 하나로 만들었다. 오바마는 누구도 반박할 수 없는 이야기들을 많이 한다.

이처럼 단호한 대답보다는 배려 있는 답변으로 고객에게 다가갈 때, 매출은 자동으로 올라간다.

공감하라,
공감은 매출로 이어진다

사람의 마음을 움직이는 힘은 공감이다. 고객의 마음을 설득해서 제품 구입까지 유도할 수 있으려면 공감 능력이 뛰어나야 한다.

어느 날, 아버지께서 쓰러지셨다. 주말에 교회에 다녀오시다가 오후 5시쯤 지하철역에서 쓰러지신 것이다. 지하철역에 쓰러졌을 때 지나가는 분이 부축해주셔서 한참 후 집으로 오셨다. 어머니도 파킨슨병으로 몸이 불편해서 밤에 여러 번 화장실에 가려면 옆에서 부축해주어야 한다. 아버지는 쓰러졌다가 온 날 밤에도 어머니를 여러 번 침대에서 일으켜서 화장실 가는 것을 도와주었다.

아침이 되어 어머니 때문에 매일 방문하는 요양보호사가 아버지를 보고 깜짝 놀라 병원에 가보라고 했다. 힘들게 몸을 움직여 아버지께서는 가까운 병원을 갔다. 병원에서는 바로 큰 병원에 가보라고 해서 그때 자식들에게 연락이 왔다. 119를 불러 큰 병원으로 갔다. 뇌졸중이었다. 병원에 도착해보니 아버지께서는 말도 못 하고 팔다리가 마비되어 몸을 움직일 수 없는 상태였다. 급하게 간병인을 불러 아버지를 돌보게 했다.

나는 4남매의 장녀다. 작은 여동생은 몸이 아파 병원에 올 수 없었고, 남동생은 멀리 있어서 오지 못했다. 나와 바로 밑의 여동생만 병원에 갔다. 어머니도 잘 걷지 못해 집에 있었다. 나는 아침에 출근했다가 잠깐 업무를 보고 병원으로 달려가서 의사 선생님을 만나고, 간병인에게 아버지의 건강 상태를 체크했다. 오전에는 여동생이 매일 가고, 오후는 내가 갔다. 주변 지인들에게 뇌졸중에 대해 어떻게 대처하는지도 물었다. 소개로 병원도 알아보았다.

병원은 뇌졸중 전문 병원으로 바로 갔기 때문에 계속 입원하기로 했다. 아버지는 골든타임을 넘긴 후에 병원으로 갔기 때문에 이미 언어와 팔다리, 몸의 마비가 왔다. 쓰러진 직후 바로 병원으로 갔어야 했다. 늦었지만 입원 치료에 매달렸다. 주변의 의사분이 3개월 정도는 치료해야 한다고 했다. 치료 골든타임도 있다고 했다.

몸을 꼼짝 못 해 대소변을 받는 치료는 10일 정도였다. 그 후 부축해서 화장실을 가기 시작했다. 한 달 정도까지는 빠르게 몸이 회복되었다. 그 이후부터는 회복이 되는지, 안 되는지 표가 잘 나지 않았다. 부축을 해야 조금 걷는데, 걸을 때 다리에 전혀 힘이 들어가지 않고 고무다리처럼 흔들렸다. 팔도 마찬가지였다. 말도 조금 나아지긴 했지만 어눌했다.

정신은 또렷하고 육체만 무너지니 아버지께서는 도저히 받아들이지 못하셨다. 간병인 비용이 300만 원이 넘었다. 병원비는 실손보험이 없어 계속 부담이 되고 있었다. 그러는 중에 어머니도 파킨슨병으로 일주일 입원을 했다. 파킨슨은 나라에서 지원이 되었지만 일주일 입원비, 간병비 등으로 몇백만 원이 나왔다. 두 분이 한 달에 1,000만 원 이상 병원비가 나갔다. 형제들이 조금씩 모아두었던 돈으로 일부 충당했다. 아버지는 입원이 길어지고, 병이 진전이 없는 상태다 보니 계속 퇴원을 하겠다고 했다. 동생들도 모아놓은 공금이 없으니 병원비 부담으로 퇴원을 시키자고 했다.

나는 "아버지 병원비는 전부 내가 책임진다"라고 하면서 무조건 3개월간 입원해야 한다고 강하게 밀어붙였다. 그러나 정작 아버지는 여기 병원이 치료를 못해 회복이 늦다고, 매일 동생들에게 퇴원시켜 달라고 생떼를 썼다. 어머니도 매일 아버지께 전화해서 병원비도 비싼데 병원에 누워 있으면 되냐면서 아버지를 원망했다. 어머니는 아버지 몸 상태를 못 보고 전화 통화만 하셨다.

나는 매일 아버지를 찾아가서 "아버지, 3개월만 계셔 주세요. 그 후에 나가서 운동하시면 원래대로 몸이 돌아옵니다"라고 설득했다. 알겠다 해놓고는 멀리 있는 남동생에게 전화해서 퇴원시켜달라 졸랐다. 그러면 남동생은 나에게 "아버지가 퇴원시켜달라는데 퇴원시키자"라고 했다. 나는 "절대 안 된다"라고 버티었다. 매일 아버지께 가서 "병원 생활이 힘들어도 조금만 기다리세요" 하고 위로해드린 후, 운동을 시켜드렸다. 어렵게 3개월 후 퇴원했다. 퇴원할 때는 지팡이를 짚으시고, 팔다리를 잘 못 썼다.

3개월 동안 아버지를 입원시키는 데 마음고생이 정말 컸다. 가족들이 아무도 나의 말에 공감하지 않았고, 환자인 아버지조차 화만 내셨다. 신에게 나는 아버지를 불구자로 살게 할 수 없다는 간절함으로 매달리며 견뎠다. 식구들은 아무도 내 말에 공감하지 않았지만, 병원비가 아무리 많이 나와도 내가 낸다는 말에 아버지를 내게 맡겼다. 지금은 퇴원 후 일 년이 지났다. 지팡이 없이 혼자 매일 밖에 나가 걷기 운동도 하고, 일상생활에 불편이 없다. 지금도 3개월은 꼭 치료받아야 한다고 말해준 그분에게 감사드린다.

고객을 존중하는 태도를 가지려면 공감 능력이 있어야 한다. 공감은 고객의 마음을 느끼고, 고객의 머리로 생각하고 이해해야 가능하다. 영업의 정답을 찾으려면 고객을 공감하고 존중하려는 태도가 있어야 한다. 일과 삶을 대하는 태도가 같아야 한다. 일상에서 상대를 존중하지 않고 공감 능력도 없다면, 영업에서 고객을 존중하고 공감하는 것은 불가능하다.

가족과 친구 직원에게 잔소리를 많이 하는 사람이 있다. "대체 왜 그래?", "이렇게 해야지", "이해가 안 되네", "왜 그렇게 살아?" 등등 툭하면 "친하니까", "가족이니까", "사랑하니까 말한다"라고 하면서 잔소리와 간섭을 하는 경우가 있다. 잔소리를 줄이고 공감 능력을 의도적으로 발휘하려고 노력해야 한다. 잔소리가 나오기 전에 '왜 저런 행동을 했을까?' 상대 이야기를 듣고, 상대 입장을 먼저 생각해보아야 한다.

훌륭한 영업사원은 고객의 입장에서 생각한다. 고객은 영업사원이 자신에게 생긴 문제를 얼마나 공감하고 도와줄지를 확인하려 한다. 법륜스님께서는 "사람은 다 자기중심적이다"라고 하셨다. 스님들에게 신도들이 주는 선물을 보면 떡을 좋아하는 신도는 떡을, 빵을 좋아하는 신도는 빵을, 건강을 중요시하는 신도는 스님 약을 챙겨준다고 한다. 결국, 자기가 좋아하는 것을 주는 것이다.

돈을 좋아하면 부자를 부러워하고, 권력을 좋아하면 직위 높은 사람에게 굽신거린다. 영업인이 상대하는 고객은 제각기 다르다. 자기중심적이다. 고객을 공감하고 존중하는 것은 머리로 할 수 있는 것이 아니다. 자신의 감정을 쏙 빼고 이야기하면, 가짜 공감이 되어 상대에게 힘이 되어주지 못한다. 잘 알고 공감을 표현하지만, 내가 하는 공감의 마음이 잘 전달되지 않았다면, 공감하는 나의 말을 살펴야 한다.

고객이 받을 준비가 안 되어 있는데 마구 던지지 마라. 하나 던지고 받고, 준비가 되면 하나 던지고, 소화되면 또 하나 던지고 그래야 신뢰도 유지된다. 완전한 공감이란, 사랑이다. 무엇을 생각하는지 주파수를 맞춰야 한다. 깊은 것까지 이해하려면 내가 먼저 고객에 대한 호기심과 관심을 가지고 사랑을 해야 공감한다.

장마가 오래 길어져 동생의 권유로 건조기를 샀다. 날씨 때문에 빨래가 마르지 않아 골치를 앓고 있었다. 건조기를 사용한 후, 피부에 닿는 옷과 이불 등이 얼마나 쾌적하고 뽀송뽀송한지, 건조기를 사용한 첫 느낌은 신세계였다. 빨래를 널고 개고 잘 마르지 않았던 불편함이 싹 사라졌다. 같은 주부 입장이라면 공감할 것이다. 비싼 건조기가 수백 대씩 판매되는 이유다.

고객 입장에서 제품을 만든 결과, 고객의 가려운 부분을 제대로 긁어주었기 때문이다. 진정으로 고객 입장에서 제품을 파악하고 필요한 이야기를 해준다면, 고객의 마음을 움직일 수 있다. 공감이란, 내 안에 그가 있는 상태로 생각해보기다. 공감이 안 되면 고객 입장에서 이야기하기 어렵다.

법정스님께서 "내 안에 꽃이 있어야 꽃이 보인다"라고 말씀하셨다. 공감의 출발은 속마음을 읽고 노력하는 데 있다. 고객의 생각을 묻고 고객의 생각을 들어본 다음, 거기에 내 생각을 얹어 말해야 한다. 삶은 관계다. 관계를 통해서 조금씩 새롭게 형성되어가는 것이다. 상대방 입장에서 말을 한다는 것은 서로 공감하고, 그 공감의 폭과 깊이를 더해가면서 서로의 생각을 일부 양보하고 스스로를 변화시켜가며 새로운 생성을 이루어가는 것을 의미한다.

서비스에 불편을 느낀 고객의 속마음은 문제 해결과 내 감정을 이해받고 싶은 복합적인 마음이다. 그래서 공감이 중요하다. 대인 관계의 핵심은 공감 능력이다. 공감 능력이 높으면 사람들은 늘 함께하고 싶어 한다. 공감 능력을 향상하려면 공통적인 경험을 갖는 것이 좋다. 비슷한 나이의 자녀가 있는 사람은 공감하는 것이 많다. 그리고 학교 동기들도 공통적인 경험을 갖고 있기 때문에 공감 정도가 높다. 자신의 높은 교만은 타인의 마음을 읽는 능력을 상실시킨다. 겸손함을 갖는 것만으로도 공감 능력을 향상시킨다.

고객에게 다가가는 말,
멀어지는 말

주말에 가족들과 외식을 했다. 그런데 옆자리에 소리를 지르는 손님이 있었다. 손님이 주문한 것이 아닌, 다른 메뉴가 나온 것이다. 식당에 손님이 많아 정신이 없어서 실수한 것이다. 하지만 종업원은 물냉면이라고 들었다고 하고, 손님은 비빔냉면이라고 했다. 고객이 불같이 화를 내니 많은 손님의 시선이 전부 그쪽을 향했다. 비빔냉면이 잘못 나온 데다 먹어보려 해도 짜서 못 먹겠다고 소리쳤다. 실랑이하는 손님의 항의에 동조하는 사람은 아무도 없었다. 기분이 상한 것은 방금 나간 손님 한 사람이지만, 이 냉면집 주인은 수십 명의 고객을 놓쳤다. 고객은 같은 소비자의 말을 믿기 때문이다. 다시 원하는 대로 음식을 새로 만들어주면 아무리 까다로운 고객도 마음이 풀릴 것이다. 논쟁이 필요 없다.

지금 시대는 고객 중심 시대다. 기분을 상하게 하거나, NO라고 말하는 순간, 영업은 실패한다. 틀린 것을 옳다고 우기는 고객에게 맞장구치는 것이 아니라 언쟁을 피할 시간을 가져야 한다. "다시 확인해보겠습니다"라고 해야 한다. 그리고 고객의 흥분을 가라앉히고 잘 수습할 수 있어야 한다.

고객은 자신이 저지른 실수를 깨닫는 순간, 자책을 하면서도 남이 꼬집어주면 좋아하지 않는다. 비판적인 지적은 반발심을 낳는다. 비판을 잘못하거나 인신공격, 지적을 잘못하면 훈계가 된다. 되도록 말을 적게 해서 실수를 줄여야 한다. 어설픈 직설화법은 경솔하거나 건방지다는 오해를 받는다. 믿음이 전제될 때, 직접적으로 명확하게 의사 표현해야 한다.

"말 한마디에 천 냥 빚을 갚는다"라는 속담이 있다. 말은 지혜롭게 가려서 쓰라는 것이다. 말은 단순할수록 전달력이 강하다. 길면 말이 지저분해진다. 쌀에서 돌을 골라내듯이 거르고 걸러서 말해야 한다.

영업인이 한 말을 듣고 나서 한참 생각해야 이해가 되는 말이나, 생각하게 만드는 말은 고객을 멀어지게 하는 말이다. 많다, 길다, 맞다 등으로 직접적인 내용을 전달해야 한다. 영업에서는 말이 귀에 꽂히게 해야 한다. 이것도 좋고, 저것도 좋다고 하면 고객은 지나치게 된다. 1개만 찍어서 내세워야 한다.

《어린왕자》를 쓴 프랑스의 소설가 생텍쥐페리(Antoine Marie Roger De Saint Exupery)는 "완벽함이란 더 이상 추가할 것이 없을 때가 아니라 더 이상 버릴 것이 없을 때"라고 했다.

복잡하면 고객은 선택 장애를 일으킨다. 답이 정해진 질문을 던져야 한다. 고객에게 "골라 보세요"가 아닌 "골라 드릴까요?"라고 해야 한다. "작은 것과 큰 것 중 어떤 것을 드릴까요?", "단리, 복리 중 선택해드릴까요?" 등으로 말한다. 고객을 방문할 때도 "언제 찾아뵐까요?"가 아닌 "화요일, 수요일 중 수요일 2시에 찾아뵐게요"라고 꼭 집어서 언제 가겠다고 말해야 한다. 잡다하게 늘어놓는 것은 정보를 무기력하게 만든다. 권투선수의 강한 한 방처럼 하나의 큰 특징이 모두를 좌우하는 심리다.

아직도 가끔 회식을 하게 되면 술잔을 돌리는 경우가 있다. 술잔 돌리는 것을 매우 싫어하는 한 여성이 "나는 지금 심한 독감 환자입니다"라는 말 한마디로 위기 탈출을 했다. "사용 후 마음에 들지 않으면 반품하세요", "드시고 맛없으면 돈 내지 마세요" 일침의 기술이다. 말도 한 방이 아프다.

유능한 영업인은 고객의 반론을 마음 상하지 않게 합리적인 설명으로 이해시킨 후, 판매로 연결한다. 고객은 자신의 말에 대해 옳고 그른 점을 지적하거나 변론하면 기분 나빠한다. 논쟁에서 이기면 판매는 없다. 일방적인 오해는 억울한 일이다. 그러나 억지로라도 참아야 한다.

고객의 오해는 고의가 아니다. 그 고객이 나중에 충성 고객이 될 수도 있다. 영업을 방해하는 사람이 될 수 있는 것을 미리 예방하는 것일 수도 있다. 영업인은 고객을 인맥으로 바라본다. 하지만 고객은 인간관계로 바라본다. 서로 바라보는 마음이 다르다. 고객은 일대일의 관계를 원한다.

영업사원으로 오래 일하다가 개인적인 이유로 개인 파산을 한 판매 사원이 있었다. 제품을 가져가고 입금을 하지 않아 제품 공급을 중단했다. 미수금만 남긴 채 영업을 그만두었다. 그만둔 후, 피부 관리사 자격이 있어서 피부 관리실을 차렸다. 제품값은 도저히 돌려줄 수 없으니 피부 관리를 받고 미수 변제를 해달라고 했다. 내키지 않았지만, 미수금을 돌려받을 방법이 없으니 어쩔 수 없이 그렇게 하기로 했다.

차를 타고 가야 하는 불편함도 있었다. 피부 관리를 받은 후, 나는 미안해서 현금을 따로 챙겨주고 항상 밥을 샀다. 그 직원은 고민이 있으면 잘 들어주고, 이야기를 나눌 때는 이 세상에서 나에게만 최선을 다해주는 느낌을 주었다. 나는 아무리 바빠도 시간을 내서 매주 들러 이야기도 하고, 식사도 하고 관리를 받았다. 뭐라도 갖다 주고 싶었다.

그런데 어느 날 예약을 한 시간에 문이 잠겨 있어서 문밖에서 1시간 이상 기다렸다. 시간이 없어서 항상 계획된 시간을 쪼개 어렵게 비운 시간이었다. 그 직원은 늦게 부랴부랴 와서는 언짢은 표정으로 관리를 했다. 동시에 2명을 하다 보니 이리저리 침대를 옮겨가며 자리를 바꾸었다. 얼굴 하고 자리 바꾸고, 등 하고 자리 바꾸고 하더니 먼저 끝낸 고객과 계산을 하면서 웃고 떠드느라고, 바쁜 나는 방치하고 한참이 지나도 관리해주지 않았다.

항상 내가 그녀에게 1순위라고 생각하고, 가족처럼 친하다고 착각하며 지냈다는 것을 알게 되었다. 또 다른 고객이 또 왔다. 그 고객과 이야기하느라 정신없어서 나는 그대로 또 방치되었다. 시간이 흘러가는 것이 속상했다. 항상 위로되고 의지가 되는 사람이라 생각했다. 나는 그녀를 특별한 인맥이라 생각하고 특별한 존재로 여겼다. 그러나 그 반대였다. 나는 그녀에게 차와 밥 사는 사람, 멀리 갈 때 차 태워주는 사람이었다는 생각이 들게 했다.

고객에게 다가가려면 칭찬이 최고다. 사고 싶은 생각이 별로 없는데 어느 매장에 들렀다. 입구에 들어가는데 바로 판매원이 "고객님, 피부가 너무 좋으시네요" 하고 칭찬하니 기분이 좋았다. 처음 보는 고객에게 친근하게 다가와 어색했지만, 마음이 확 열렸다. 그러다 보니 매장에 머무는 시간이 길어졌다. 이리저리 둘러보는데 옷을 입어보라고 권했다. 꼭 사려는 생각이 없기 때문에 입어보는 것을 망설였다. 그러나 인기가 아주 좋은 신상이라며 "안 사도 되니 입어나 보세요" 하면서 계속 옷을 입어보라고 권했다. 마지 못해 입고 나오니 "어머나, 너무 잘 어울리시네요. 너무 예뻐요" 하면서 사장님과 종업원이 칭찬을 했다.

보는 것보다 입으니 잘 어울리는 것 같았다. 그렇게 나는 구입을 하고 말았다. 살까 말까 망설이는 고객이 있을 때, "인기 좋은 신상인 이 옷은 가볍고 따뜻해서 반응이 좋아요", "편하게 매일 잘 입어진다고 들 하셔요" 등등 상품 후기를 말해준다. 제품의 후기를 많이 말해주면 고객은 자기 소비에 대해 합리적으로 사고 싶어 하는 심리가 있기 때문에 구매를 한다. 고객이 제품을 구매했을 때, 좋은 효과에 대해 상상을 하게 해야 한다.

영업사원 중 매사에 열정적이고, 주변에 사람도 아주 많아 마당발인 사원이 있다. 판매도 많이 하고 하부 라인 증원도 많이 하는 사원이다. 영업이다 보니 매달 목표와 주력 상품이 있다. 그 영업사원은 선주문 수량이 좀 많았다. 그런데 제품 도착 후 선주문한 제품을 모두 반품해버렸다. 고객이 취소시켰다고 한다.

그 직원은 총무와 실랑이를 벌였다. 평소에 잘 나가지 않는 제품이라 총무는 펄쩍 뛰면서 "절대 반품 못 해준다. 어떻게든지 본인이 책임지고 다 가져가서 팔아야 된다"라고 하면서 팽팽하게 맞서고 있었다. 선주문 제품이 반품되는 경우는 잘 없다. 만약 고객이 취소하더라도 영업사원은 자기가 제품을 어떻게든지 다 팔아보려고 애쓴다. 총무가 반품이 안 된다고 하니 사무실에서 큰소리가 나고 있었다. 나는 묻지도, 따지지도 않고 무조건 반품해주었다. 영업사원에게 영업에 필요한 견본도 듬뿍 챙겨주었다. 그 사원은 사무실에서 "소란을 피워 미안하다"라며 사과했다.

"NO"라는 말은 영업의 끝이다. 말은 강력한 힘을 지니기 때문에 적절한 타이밍에 올바른 말을 하는 것이 중요하다. 고객을 만날 때는 귀를 열어놓아야 한다. 고객의 이야기를 들어주어야 한다. 고객을 만날 때 계산기를 두드리지 않고 가슴으로 설득하는 것이 중요하다. 스스로 생각해도 '정말 좋은 제품이다. 이것은 내가 누군가에게 추천해주어야겠다' 하고 확신이 드는 경우에 판매가 이루어진다. 고객을 설득하거나 고객에게 영업할 때, 스스로 '내가 고객이라면 이것을 선택할 것인가?' 하고 생각해본 후, 이에 대한 확신이 있어야 한다.

좋은 말 습관이
좋은 관계를 만든다

"현상으로 나타나는 모든 결과는 과정이 쌓여서 만들어진 것으로 과정은 곧 습관이다."

제임스 클리어(James Clear)의 《아주 작은 습관의 힘》에 나오는 말이다. 우리는 우리가 반복해서 했던 일의 결과를 얻는다. 영업사원은 행동을 패턴화하고 습관을 만들어 대응해야 한다. 좋은 습관 몇 개로 인정받을 수 있다. 놀랍지만 사실이다. 고객의 선택에서 상품과 서비스는 기본이다. 하지만 결국은 영업사원을 보고 상품을 산다.

좋은 습관이 영업의 성과를 바꾼다. 영업사원에게 좋은 이미지를 갖게 되면 좋은 관계가 만들어진다. 고객 본인의 만족을 이야기하는 순간, 자연스럽게 소개를 하게 되고 전해진다. 영업의 협력자가 되어 선순환 시너지를 일으킨다. 어제의 내가 모여 오늘의 내가 된다. 하루

하루의 습관이 모여서 내일의 나를 만들어간다. 지금 내가 하는 행동과 습관이 중요하다. 계획된 패턴에 맞춰 영업하는 것을 습관화함으로써 영업의 효율성을 높일 수 있다.

집집마다 벨을 누르고 하루 수십 명씩 고객을 만나면서 열정적으로 제품으로 홍보하고 설득하는 나날을 보냈지만, 노력만큼 실적이 안 오를 때가 있다. 운이 좋으면 판매되고, 아니면 빗나간다. 열정만으로는 안 된다. 좌충우돌하는 것이 아니라 전략적 방식으로 습관화함으로써 영업의 효율을 올려야 한다.

고객은 영업사원이 언제든 자신을 위해 발 벗고 나서 주길 바란다. 고객이 난처한 상황에 빠졌을 때 의논해주고, 긴급할 때 얼른 달려와 주는 영업사원과 교류하고 싶어 한다. 영업사원이 바쁘다는 말은 자신의 가치를 낮추는 말이다. 고객은 바빠 보이는 영업사원을 대할 때 불안해한다. 영업의 고수는 바쁘다는 내색을 하지 않는다. 바쁘지만 고객에게는 여유를 보여야 한다. "정신이 없어서"라는 말은 하면 안 된다.

나는 어려서부터 낯가림이 심해서 학창시절, 반에서 말수가 적은 내성적인 사람이었다. 친한 친구는 항상 짝지 1명뿐이었다. 학년이 올라가면 친구가 바뀌어 또 짝지가 친구가 되었다. 항상 1~2명의 친구가 전부였다. 하지만 나는 그런 낯가림이 심한 성격을 극복하고, 화장품 판매의 방판 부분 최초 1억 원 달성을 하는 영업인이 되었다.

자신이 습관적으로 했던 말과 행동을 하나하나 점검하고, 고객에게 해야 할 말과 해서는 안 되는 말을 구분해야 한다. 고객을 생각하고 말하는 법을 연구하다 보면, 습관적으로 해왔던 영업을 반성하게 된다.

그냥 "커피 한잔하실래요?" 하고 묻는 것과 "커피 향도 좋고 맛도 고소한데 커피 한잔하실래요?" 하고 말했을 때, 상대의 마음을 움직일 수 있는 질문은 어떤 것일까? 당연히 후자다. 말에 메이크업을 한 것이다. 상대방이 상상할 수 있도록 미사여구를 잘 써야 한다.

고객이 상상력을 끌어낼 수 있는 말을 해야 한다. 미사여구를 동원하고 강조해야 한다. 구체적으로 잘 설명해서 상상하게 만들어 고객이 궁금하게 해야 된다. 좋은 말 습관으로 매력적으로 말할 수 있도록 해야 한다. 외모 메이크업에 여러 가지 장점이 많듯이 말에도 메이크업을 해야 한다.

영업을 잘하는 사람은 말을 예쁘게 하고 매력 있게 한다. 고객이 했던 말과 고객이 쓰는 말을 그대로 따라 하면, 거울을 보는 효과가 생겨 매력과 호감을 느끼게 된다고 한다.

영업인이 가져야 할 좋은 말 습관은 간단하면서 중요하다. 목소리를 크게 했다가 작게 했다가 하거나, 말을 빠르게 했다가 천천히 하거나, 말을 몰아치다 느리게 하는 등의 변화를 주면, 듣는 이는 말하는 이에게 관심을 집중하게 된다. 이러한 기법은 영화, 드라마, 음악 감상 등에 다이내믹하게 응용되고 있다.

사람은 살면서 한 번씩은 다 시련을 겪는다. 시련을 겪을 때 우리는 지인들 마음의 밑바닥을 볼 수 있다. 사람이 겪는 고난이나 어려움이 100% 나쁜 것만은 아닌 듯하다. 힘들어지니 누가 내 편인지, 아닌지를 알 수 있었다. 1년에 한두 번씩 보는 사이인데, 평생 친구로 확신이 드는 사람이 있다. 어려울 때 옆에서 응원하고 격려하고 도와주는 사람도 있다. 이 사람이 나와 이렇게까지 친한 사이였나 생각이 드는 사람이 있다.

매일 아침 첫 번째로 출근해서 직원을 챙겨주고, 전날 영업의 작은 것까지 공유하며, 어디 나가도 지사장 자랑만 하던 사람이 있었다. 40대 초반의 어느 날, 나는 영업사원이 100명 가까이 되면서 인간관계가 힘이 들어 잠깐 방문 판매 영업을 그만두었다. 그런데 회사를 그만둔 바로 다음 날, 그 사원은 '사장님'이라 부르던 호칭을 이름으로 바꿔 부르면서 내게 전화를 했다.

무슨 내용의 전화인지 기억이 나지 않지만, 내 이름 석자를 또박또

박 읊으며 말하는 그 영업사원에게 심한 충격을 받았다. 너무 좋은 사람이었기 때문에 받은 충격이 컸다. 정말 좋은 사람, 좋은 친구는 자신이 어려워지거나 상황이 바뀌어보아야 알 수가 있다.

인간관계를 어떻게 하면 좋은 관계로 유지할 수 있을까? 인간관계는 나무를 키우는 것과 비슷하다. 나무가 잘 자라기 위해서는 일정한 거리가 필요하다. 지나치게 상대방에게 잘해주고 난 후 그만큼의 피드백이 없으면 "서운해"라는 말을 하는 사람들이 있다. 거리 유지를 못해 뿌리내리기 어려운 안 좋은 관계다. "내가 어떻게 해주었는데…" 하는 소리가 나오는 순간, 관계가 깨진다. 적당한 거리를 지키지 못해 생기는 현상이다.

좋은 관계를 위해서는 적당한 거리를 유지해야 한다. 서로 성장에 도움이 되어야 한다. 그 사람이 잘되는 것을 내 일처럼 기뻐하며 응원하고 격려를 아끼지 말아야 한다. 오래 좋은 관계를 유지하려면 한 번이라도 더 지지해주어라.

만나기만 하면 불평불만 하는 사람은 성장에 도움이 안 된다. 어른이 되어도 마음은 평생 성장하는 것이다. 내가 좋아하는 사람을 성장시키기 위해서는 칭찬 및 응원과 격려를 해주고, 잘되는 것을 좋아해주고 축하해주어야 한다. 상대에 대한 이해가 있어야 관심을 갖고, 공감하면서 맞춰줄 수 있다. 그래야 좋은 관계를 만들 수 있다.

전화통을 오래 잡고 있는 것을 싫어하는 고객에게는 용건만 간단히 전하고, 중요하지 않은 것은 문자로 대신한다. 반면 항상 불안해하고 소심한 고객에게는 "괜찮아. 안심해. 걱정하지 않아도 돼"라고 지치지 않고 이야기해준다. 각각의 고객에게 맞춰주는 것이다.

그리고 좋은 관계를 유지하기 위해서는 들은 것을 그대로 믿어서는 안 된다. 이 같은 태도는 인간관계나 일에서 낭패 보기 쉽다. 상대방의 말을 잘 믿는 것은 신뢰보다는 불안을 불러올 때가 많다. 이용당하기 쉽고, 잘못된 소문을 퍼뜨리는 장본인이 되기도 한다. 자기중심이 없이 이리저리 휘둘리고 잘못된 방향으로 움직일 수 있다.

거짓 정보와 위선이 많다. 정보를 걸러내고 분석해야 한다. 직접 확인하지 않은 정보는 믿어서는 안 된다. 좋은 관계를 유지하는 사람은 신중하다.

좋은 관계를 깨는 데는 돈과 관련한 신뢰도 큰 역할을 한다. 결혼 초, 아이의 첫돌쯤에 2년 정도 시골에 있는 시댁에 살았다. 하루는 시어머니께서 서울 친척 집에 가셔서 시아버지만 계셨다. 그때, 부산에 계신 이모가 전화가 와서 외사촌 오빠가 부도가 난다면서 나에게 돈을 빌려달라고 했다. 내가 돈이 없다고 하니 이모는 남편에게 말해서 빌려주라며 막무가내로 나에게 졸랐다.

내 나이 스물여섯 살이었다. 부도라는 말을 처음 들어서 너무 겁나고 놀랐다. 4시까지 돈을 구해서 주어야 했다. 계속 전화는 오는데, 아이도 돌보아야 하는 데다, 시아버지 저녁상을 차려놓고 부산으로 가야 했기에 정신이 없었다. 나는 남편에게 사정을 이야기하고 잠깐만 빌려주면 된다고, 일단 부도만 막게 해달라고 했다. 이모의 다그침에 제정신이 아니었다.

버스를 기다리는 동안, 아이는 이리저리 뛰어다녔다. 아이가 다칠까 봐 신경을 쓰다 보니 겨우 버스가 왔다. 그날은 장날이라 손님이 너무 많아 아이와 나는 짓눌려서 버스에 탔다. 앉을 자리도 없이 복잡했다. 겨우 서서 정신을 차리니 쇼핑백이 칼로 그어져서 그 속에 있던 핸드백이 사라졌다.

남편에게서 받기로 한 300만 원과 내가 갖고 있던 100만 원 수표를 주기로 했는데, 100만 원짜리 수표와 결혼 때 받은 다이아몬드 반지가 사라졌다. 나는 다이아몬드 반지라도 저당잡아 돈을 만들어주어야겠다고 생각하며 가져가던 중이었다. 하늘이 무너지는 것 같았다. 그래도 부산에 도착해 남편에게 이야기했더니 주기로 했으니 주자며 400만 원을 외숙모에게 빌려주었다. 외숙모는 이자를 매달 10만 원씩 주겠다고 했다.

하지만 첫 달에 꿀 한 병 주고는 10년 동안 이자와 원금을 주지 않았다. 35년 전의 일이다. 10년 후에야 원금 350만 원을 주었다. 50만 원은 이모가 빌려가서 못 주겠다고 했다. 사촌 오빠를 찾아가 "오빠 부도난다고 빌려준 돈 좀 달라"고 했다. 오빠는 "나는 모른다. 우리 엄마에게 물어봐라"라며 쌀쌀맞게 굴었다. 지금은 용서하고 지내지만, 그때 상처를 받고, 가슴 깊은 곳에서 신뢰가 깨졌다. 좋은 관계를 위해서는 신뢰를 지키기 위해 자신이 한 말에 책임을 져야 한다.

4

고객을 유혹하지 마라,
스스로 사게 하라

내성적인 그녀는 어떻게 영업의 달인이 되었을까?

01

가치를 어필하고
감동을 주어라

　감동이란, 마음을 움직이는 것이다. 고객은 감동을 받아야 움직인다. 호텔을 빌려서 한 고객 초청행사 자리를 위해 꽃꽂이 두 세트를 주문했다. 40명 정도의 다기 세트와 차, 다식 등을 준비하느라고 정신이 없었다.

　그러던 중 차에 싣는 과정에서 꽃꽂이가 넘어져 꽃이 망가져버렸다. 놀라서 다시 꽃집으로 달려가 꽃이 못 쓰게 되었다고, 다시 돈을 지불할 테니 빨리 좀 만들어달라고 했다. 꽃꽂이 선생님께서는 돈은 받지 않고 그냥 다시 만들어주었다. 놀라서 돈을 드렸지만 극구 사양하시며, 기분 좋게 예쁜 다화꽃꽂이를 만들어주었다. 감동이었다. 감동은 의도적으로 하는 것이 아닌, 가슴으로 하는 것이다.

제품이나 서비스의 가치가 있을 때, 고객은 과감히 비용을 쓰는 가치 소비를 한다. 개인마다 가치 소비를 하는 곳이 다 다르다. '자신에게 가장 투자 가치가 높은 것이 무엇인가?' 생각해보면 주식이나 부동산, 자녀, 자기 계발 등이 있을 것이다. 내가 가장 많이 비용을 지불하고 가치 투자를 하는 곳은 부동산이다. 돈이 생기면 무조건 부동산에 투자한다. 나에게 부동산은 미래를 든든하게 받쳐주는 연금과도 같은 것이다.

작은 아파트나 상가에서부터 재건축 아파트까지 다양하게 투자하면서 적금을 넣듯이 작은 물건부터 큰 것까지 계속 사 왔다. 부동산의 가치는 떨어지지 않는다. 세계 경기나 국내 경기에 따라 일시적으로 변동성은 있으나 한정된 좋은 입지의 부동산 가치는 떨어지지 않는다. 부동산의 가치 투자는 나에게 있어서 명품 쇼핑보다 더 만족을 준다. 내가 추구하는 가치 투자다.

누구도 그 대상이 투자 대비 수익을 거둘 수 있을지, 없을지 단정 지을 수는 없다. 하지만 나는 부동산에 가치 소비를 할 때 활력이 넘친다. 제품이 비싸서 고객이 구입하지 않는다는 말은 옛말이다. 가치가 전해지지 않아 구입하지 않는 것이다. 핵심은 고객이 느끼는 가치의 유무다.

주말 명품 매장에 가면 1시간씩 줄을 서서 대기표를 받아야 들어

갈 수 있다. 명품은 비싸도 없어서 못 산다. 영업인이 판매자를 넘어서 가치 전달자가 되어야 한다. 전문가이자 소통의 달인이 되어야 한다. 끊임없이 공부하고 정보를 습득하며 자신만의 전문성을 어필해야 한다. 외모가 뛰어나면 자신의 이미지를 적극적으로 활용하고, 입담이 뛰어나면 편안하게 수다 떨듯이 자신이 가진 소통 능력을 무기로 고객을 자신의 편으로 만들어서 상품을 판매하면 된다. 상품의 가치만 잘 전달해도 가격은 걸림돌이 되지 않는다. 고객의 지갑보다 마음의 문을 먼저 열어야 한다.

영업인은 자신의 제품에 전문성이 있어야 하며, 고객의 입장에서 고민하고 상품에 가치를 부여해야 한다. 고객은 상품의 기능만 보고 사는 것이 아니다. 그 물건에 담긴 가치를 보고, 소중한 돈을 지불한다. 차를 사려는 사람은 차의 기능보다 차가 풍기는 매력을 먼저 생각한다. 고객들은 그 차를 탐으로써 느껴지는 자기만족과 자존감에 값을 치르는 것이다. 고객은 제품의 가치에 지갑을 연다.

맛있기로 소문난 장어집이 있다. 평소 장어를 먹으려면 30분 이상 기다려야 한다. 경기가 어려우면 기다리는 시간이 더욱 길어져 1시간은 기다려야 한다. 사람들은 불황일수록 돈을 더 가치 있게 사용하려한다. 경기가 좋을 때는 가치가 둔감하다. 그러나 경기가 어려워지면 돈을 제대로 가치 있게 쓰려고 한다.

몽블랑 만년필은 매우 비싸다. 이성적으로는 다들 일반 볼펜이 싸고, 실용적이라는 것을 잘 알고 있다. 대부분이 일반 볼펜을 사용하고 있다. 아들이 몽블랑 매장을 갈 때 우연히 같이 가게 되었다. 몽블랑 만년필이 그렇게 비싼 줄 몰랐다. 매장에 들어갔을 때 직원의 태도도 아주 친절했다.

몽블랑 만년필에 대해 서로 주고받는 이야기를 들으니 아들은 이미 몽블랑 만년필을 쓰고 있는 상태에서 추가 구매를 하려는 것이었다. 만년필을 사고는 만족해했다. 비싼 만년필을 사는 이유가 궁금했다. 아들은 사업상 계약을 하거나 결제를 할 때 사용한다고 했다. 몽블랑 만년필은 '성공의 상징'이라는 가치가 있다. 아들은 돈을 주고 만년필을 산 것이 아니라 '성공의 상징'이라는 가치를 산 것이다.

영업인들은 물건을 파는 것이 아니라 가치와 감동을 팔아야 한다. 스타벅스는 커피가 아니라 문화를 누리는 행복을 판다. 우리나라에 커피숍은 넘쳐나고 있다. 그 수많은 커피숍 중에 1등은 스타벅스다. 나는 집 앞에 스타벅스가 있어서 자주 들린다. 하지만 갈 때마다 자리가 없다. 2,000세대 아파트가 입주하고 나니 바로 앞에 스타벅스가 생겼다. 스타벅스 옆으로 상가 가격이 치솟았다. 스타벅스가 생기면 건물 가격도 오른다. 이처럼 스타벅스는 부동산 가격을 올리고, 주변 상권을 활성화시킨다.

스타벅스에는 젊은 세대부터 나이 드신 분까지 다양한 고객들로 가득하다. 공부하는 사람, 책을 읽는 사람, 모임을 하는 주부들, 가족끼리 와서 커피를 마시는 사람 등, 이해하기 힘들 정도로 스타벅스에는 사람들이 넘친다. 감사 표현을 할 때 스타벅스 쿠폰을 선물로 받거나 보낸다. 스타벅스 쿠폰은 부담 없이 주고받을 수 있는 적당한 금액으로, 감사 표현하기에 좋다. 커피 브랜드 중에서는 1등 브랜드이기에 가치적인 면에서 주고받을 때 저렴하게 행복을 나눌 수 있다.

친구 중에 꼭 '샤넬 NO.5' 향수를 사용하는 친구가 있다. 향수는 '뿌린다'라고 하지 않고 '입는다'라고 표현하기도 한다. 그만큼 향수는 하나의 패션이다. 자신에게 어울리는 멋진 향을 입는 것도 중요하다. 친구의 향수 사랑은 어마어마하다. 자신의 가치 추구가 향수다. 잘 차려입고 좋아하는 향수를 뿌린 후 마무리하면, 자신이 최고가 되는 기분이 든다고 한다. 자신감과 자존감을 높여주고 세상에 당당하게 맞설 수 있는 용기를 주는 샤넬 NO.5는 친구에게 가장 큰 가치인 것이다.

영업인은 상품이 가진 이익이나 혜택이 어떻게 고객에게 돌아가는지를 연구해야 한다. 고객이 원하는 것을 주어야 한다. 고객은 상품보다 영업인을 보고 판단한다. 고객에게 신뢰할 수 있는 모습을 보여야 한다. 영업하는 사람이 곧 상품이다. 영업인이 좋아하는 제품이라고 해서 고객이 좋아할 것이라는 착각은 하면 안 된다. 영업인은 고객이 결정하는 것을 도와주기만 하면 된다. 고객의 이야기를 잘 들어주고 고객의 관심사에서 포인트를 잘 파악해야 한다. 고객의 정보를 모은 다음, 현재 상황이 어떠한지 알아낸다. 사전 정보를 바탕으로 영업한다. 영업할 때, 제품의 가격보다 가치를 잘 알린다.

현대 자동차의 국내 부사장은 현대차 관계자와 기자단이 참석한 가운데 팰리세이드의 공식 출시 행사를 갖고, 본격적인 판매에 들어간다고 밝혔다. 팰리세이드는 직관적인 사용자 경험을 기반으로 개발된 새로운 개념의 대형 SUV다. 디자인과 공간 활용성, 주행 성능, 안전 및 편의 사항 등 차량 전반에 걸쳐 고객의 요구 사항을 반영한 혁신적인 상품성을 갖춘 차다.

현대인은 차에서 보내는 시간이 길기에 자동차는 삶의 중요한 가치를 함께하고, 삶을 이루는 공간이자 삶의 가치를 더 하는 것이다. 가치란, 사람들이 소중하게 생각해서 얻고자 하는 대상이다. 가치에는 물질적 가치와 정신적 가치가 있다. 물질적 가치란, 그 대상이 특정한 사물에 한정되는 가치다. 옷, 음식, 집, TV, 휴대폰 등 우리가 살아가기 위해 필요한 모든 것이다. 반대로 인간의 정신적 활동을 통해 얻을 수 있는 가치는 여행, 나눔, 봉사, 우정, 정의, 평화라고 할 수 있다.

나는 우주에서 하나밖에 없는 존재다. 자신의 가치를 떨어뜨리지 않기 위해서 노력해야 한다. 가치를 모르고, 자기 자신의 귀함을 모르며, 자신의 가치를 무의식적으로 떨어뜨리다 보면 자신감, 자존감이 떨어진다. 기분에 태도가 변하는 사람은 직원들에게 기분 좋으면 넘어가고, 기분 안 좋으면 트집 잡는 경우가 있다. 이는 자기 가치를 떨어뜨리는 것이다.

남의 말에 생각 없이 동의하는 습관은 본인 스스로 판단하지 못하고, 결정하지 못하는 습관이 있는 사람이다. 이는 직장인으로서 가치가 떨어지는 무능한 직원이 된다. 근거 없이 떠도는 뉴스를 보고 옮기거나 믿지 말아야 한다. 그래야 나의 가치가 유지된다. 하소연, 고민, 푸념 등을 계속 늘어놓는 행위는 자기 가치를 떨어뜨리는 것이다. 지속적인 불평불만은 자신의 약점을 계속 드러내는 것이다. 영업인의 가치를 스스로 높일 때 영업은 더 쉬워진다. 가치 있는 속성을 끝없이 뽑아내는 훈련이 판매 고수가 되는 지름길이다.

지속적인 관심을 가지고
관리하라

친근감이 형성되지 않은 상태에서 영업인이 제품 판매에 들어가면 고객은 마음의 문을 닫아버린다. 먼저 고객의 말이나 표정, 동작 등을 통해 관심사를 파악해야 한다. 어떤 이야기에 갑자기 목소리가 높아지거나 표정이 밝아지거나 행동이 요란해지는 등의 변화를 보면, 고객의 관심사일 가능성이 크다.

활동을 잘하고 있다가 갑자기 실적이 오르지 않는 영업사원이 있어 개인 면담을 해보았다. 말수가 적어서 계속 질문만 던졌다. 여러 질문 중에 "아들이 결혼했나요?" 하고 물었더니 대답을 안 하고 한참을 바라보고 있었다. 계속 보기만 하고 있어서 "몇 살이냐?"고 했더니 또 바라만 보고 말을 하지 않았다. "우리 아들도 나이가 있는데 결혼할 생각을 안 한다"라고 했더니 그제야 "우리 아들은 마흔한 살인데 결혼 안 한다"라고 하면서 "버티다 나이가 들었다"고 말을 하기 시작했다.

　영업사원이 답답해서 친구 딸을 만나 자기 아들 전화번호를 가르쳐주면서 전화 좀 해서 만나자고 하라고 부탁했다고 한다. "엄마가 소개시켜주면 되죠!"라고 말했더니, "제가 여자 이야기만 하면 무조건 안 만난다"라고 한다는 것이다. 친구 딸에게 여러 번 부탁해서 결국 전화가 연결되어 서로 만나고 있다고 하면서 목소리도 크고 활기차게 이야기했다.

　질문하고 관심을 가지면 자기 이야기를 털어놓는다. 이후 그 직원의 마음이 열려 영업에 대한 의논도 하게 되었다. 질문에 반응이 오면 대화는 자연스럽게 이루어진다. 상대의 마음이 어느 정도 열렸을 때 영업 활동에서 어려운 점과 도울 수 있는 부분에 대해 진지하게 의견을 제시하면 상대도 호감을 가지고 다가온다.

　상품이 반품되지 않도록 관리도 잘해야 유능한 영업인이다. 판매 후에도 만족감을 느낄 수 있도록 고객의 요구에 관심을 가져야 한다. 판매가 이루어지고 나면 다시 새로운 영업을 해야 한다. 최대한 고객에게 관심을 쏟아야 한다. 이미 상품을 구매한 고객은 잠재 고객이 되는 것이다. 한번 거래한 잠재 고객은 처음 거래하는 신규 고객보다 훨씬 수고를 덜어준다.

따라서 구매해주었기 때문에 더 이상 관리가 필요 없다고 생각하는 것은 더 이상 판매가 이루어지지 않게 하는 것이다. 나의 고객이 다른 영업인의 잠재 고객이 될 수 있다. 오늘 구매했다고 해서 더 이상 구매하지 않는 것이 아니기 때문에 계속 관심과 관리를 멈추지 않아야 한다.

어깨도 아프고 손목이 아파 주 3일 정도 운동을 다닌다. 그곳에 매일 보는 회원이 있었다. 다른 곳은 어떤지 잘 모르지만, 내가 다니는 곳은 회원 회비로 트레이너의 수당이 지급되는 곳이다. 매일 보는 그 회원은 나에게 다가와 계속 말을 걸며, 관심을 가져주고 이것저것 잘해주었다. 두 달가량을 지극정성으로 잘해주다가 자신은 1년 회원권으로 끊었다면서 나에게도 그것을 추천했다. 그 말에 나도 1년 회원권을 추가로 끊었다.

1년 등록 후, 이번엔 자기는 평생회원으로 등록했다며 나에게도 그렇게 하라고 부추겼다. 집요하게 나를 위하는 것처럼 하기에 결국 추가 회비를 결제하는 동안 뒤를 돌아보니, 나에게 잘해주던 그 회원과 트레이너가 속닥거리고 있었다. '무슨 일이지?' 싶어 갑자기 기분이 나빠졌다. 하지만 문제는 그 이후에 있었다.

그다음 날부터 그 회원이 나타나지 않는 것이다. 추가 회원 등록을 하기 전에는 몇 달에 걸쳐 나의 건강 매니저처럼 나를 챙기더니 내가 등록하자마자 갑자기 사라져버렸다. 태도의 변화에 황당함을 감출 수가 없었다.

고객에게 제품을 팔고 그냥 모른 체하면 편할지 모른다. 그러나 고객이 재주문을 하거나 평생 고객으로 남게 하려면 그렇게 해서는 안 된다. 고객에게 계속 관심을 주고 관리를 하면서 모든 서비스를 제공해야 한다. 그래야 고객과의 관계를 오랫동안 유지하고 재주문을 받을 수 있다. 기존 고객을 잘 관리해야 고객을 소개받을 수 있다. 계속 새로운 고객을 찾아 영업하는 것은 기존 고객에게 소개받는 것보다 더 어렵다.

새로운 고객을 영업하기 위해 관심과 관리를 기울이는 것만큼 기존 고객에게도 계속 관심과 관리가 필요하다. 이들이 충성 고객이 되며 평생 고객이 되기 때문이다. 그리고 영업인에게 협력자로서 신규 고객을 소개해주기도 한다. 제품 판매 후 고객 만족이 최대로 유지되는지 지속적인 관심을 보여야 한다. 판매 단계에서 보여주었던 친절이 판매 후에도 똑같이 유지되어야 한다. 그래야 고객을 장기간 고정 고객으로 유지할 수 있다.

지금 타고 있는 자동차는 4년 6개월이 되었다. 나에게 차를 판 영업인은 판 이후에도 계속 안부 문자와 전화를 준다. 주차하다가 차가 후진이 안 되어서 전화하면 이렇게 저렇게 하라고 알려주고, 기어 변속이 안 되어 전화하면 자세한 설명과 서비스센터 예약까지 다 해주었다. 성격도 활발해서 전화 통화를 하면 기분이 좋아진다.

5년이 되면 차를 바꾸려고 전화했더니 요즘은 미리 6개월 전에 예약해야 한다고 하며, 자세한 설명과 함께 미리 전화만 해주면 주말도 나와서 차를 보고 설명해주겠다고 한다. 차를 사기 전이나 사고 나서도 변함이 없다. 지나가다 사무실에 들리면 차를 대접해주고 선물도 챙겨준다. 지속적인 유대 관계로 차에 대한 것은 수시로 전화해서 조언을 구한다. 차를 바꾸거나 차를 소개할 때는 무조건 연결시켜줄 것이다.

영업인의 이런 관심과 관리를 고객은 싫어하지 않는다. 개인적 관심을 받고 있다고 느낀 고객은 계속 이런 영업인을 찾는다. 사후 서비스는 판매 때 생긴 신뢰와 믿음을 계속 지속하기 위해 유지시켜야 한다. 사후 서비스는 새로운 판매 수단이 된다. 사후 서비스가 좋으면 고객이 입소문을 낸다. 만족하기 때문이다. 고객 만족에 신경을 쓸수록 더 많은 판매가 일어나게 된다. 고객은 만족스러우면 다른 사람에게 말하게 된다.

고객은 영업인에게 무관심하다. 고객이 질문하게 해야 한다. 질문하면서 관심을 갖게 된다. 영업인은 고객의 질문에 대답하면서 고객의 집중을 유도한다. 〈태양의 후예〉라는 드라마가 최고의 시청률을 올린 적이 있다. TV에 관심이 없던 나는 드라마를 잘 보지 않았다. 여동생이 가족 모임 중에도 그 드라마를 보느라 혼자 TV 앞에 있어서 "TV는 다음에 보지. 꼭 오늘 TV를 봐야겠어?" 하며 핀잔을 주었다. 그랬더니 "너무 재미있어서 오늘 꼭 봐야 한다"며 끝까지 보았다. 동생은 혼자 드라마를 보고 나서는 드라마 이야기에 푹 빠져 내게도 한번 보라고 추천했다. 나는 그냥 흘려듣고는 신경을 안 썼다.

며칠 후, 동생이 추천한 것이 생각나 별다른 생각 없이 1편부터 보기 시작했다. 1편을 보고 나니 2편, 2편을 보고는 3편, 끊을 수가 없었다. 드라마에 푹 빠져서 다음 편이 궁금해 그만 볼 수가 없었다. 그렇게 며칠 밤을 새워 처음부터 끝까지 보았다. 결정적인 상황에 결말을 보여주지 않고 끝이 나버리기 때문에 아쉬움에 계속 보게 되었다. 패턴의 연속이 단절되거나 미완성 상태의 정보를 접하면 자신도 모르게 미완성 정보에 관심을 기울인다. 그래서 시청자는 아쉬움과 미완성의 결핍에 이끌려 계속해서 드라마에 집중하게 된다.

영업인은 집요하게 상품 설명을 완성하려고 하면 안 된다. 고객을 궁금하게 만들어서 고객의 관심을 끌어와야 영업인의 말에 힘이 생긴다. 가끔 말을 하려다가 "아니, 별것 아니다"라며 말을 멈추고 하지 않는 친구에게 "뭔데! 뭔데!" 하며 계속 묻게 된다. "아니, 아니" 해도 궁금증은 더 커진다. 왠지 관심이 더 생긴다. 끝까지 졸라 무슨 이야기인지 듣고 나면 별것도 아닌 경우가 많다.

관심을 끌어냈으면 관심을 유지시키는 관리를 해야 한다. 고객은 상품보다 영업인이 얼마나 관심을 가지고 관리해주며 보살피느냐에 따라 지속적인 고객으로 남는다. 영업은 업무와 관련된 것이 아니라도 도움이 필요하면 관심을 가져줄 때 영업인을 신뢰하고 거래가 이루어진다.

대응하지 말고
반응하라

고객의 반대에 자연스럽게 대응하고 반대를 잘 이겨내는 것은 영업 사원의 능력이다. 제품에 대한 지식이 있어야 고객의 반대에 이길 수 있는 힘이 나온다. 정확한 지식과 정보가 신뢰를 준다. 영업을 할 때 상품에 대한 지식은 절대적이다. 고객은 다양한 질문을 한다. 고객마다 질문이 다르다. 질문에 맞는 대답을 해야 한다. 고객이 제품에 대해 이해가 되지 않으면 반론을 제기할 수 있다. 제품에 대한 납득할 만한 설명으로 고객의 의구심을 해결해주어야 한다. 고객의 반론에 대응하지 않고 합리적인 설명을 해서 판매로 연결해야 한다.

방판 영업 구조는 제품을 판매하는 것은 기본이고, 조직을 구축해야 하는 사업이다. 화장품은 영업인 본인이 원가에 사용할 수 있어 좋고, 본인 사용 제품도 매출로 잡혀서 수당이 나온다. 영업에 경험이 없는 사람이 오랫동안 화장품 고객으로 있다가 좀 싸게 쓰고 싶어 판매원으로 등록한 경우도 있다. 그는 그렇게 며칠 신나게 영업을 잘했다.

주변에 화장품 영업을 한다고 알렸더니 이 직원의 친구 2명이 자신들도 비싼 화장품을 싸게 쓰고 싶고, 자식들도 다 키웠다며 영업을 해보겠다고 한다면서 어떤 혜택이 있느냐고 물어보았다. 거기서 2명 더 증원해서 4명이 되면 직급자가 될 수 있고, 직급자가 되면 판매 수당과 직급 수당이 나온다고 설명해주었다. 그러고 나서 며칠이 지났지만, 온다는 2명은 소식이 없었다. 결국 없었던 일이 되어버렸다.

사무실에서 제도와 제품에 관해 설명하도록 해야 하는데도 막무가내로 자기가 알아서 한다면서 며칠을 이것저것 다 챙겨달라고 큰소리치면서 많은 요구를 했다. 2명을 증원한다며 판촉과 견본을 가져갔다. 결국, 한 달을 투자하게 만들고서는 친구 2명은 오지 않게 된 것이다.

증원 대상자 얼굴을 한 번 보지 못하고 영업사원에 끌려다니며 투자만 했다. 이런 경우는 처음 당했다. 그 일이 있은 후, 미안했던지 아침에 잠깐 왔다 바로 사라지는 사람이 되었다. 지원된 판촉이나 견본에 대한 미안함은 전혀 없었다.

그 직원은 여러 가지 구실을 달아 증원이 안 된 이유를 늘어놓았지만 믿기 힘들었다. 처음부터 의도를 파악할 수 있어야 한다. 그렇지 않으면 아무 성과 없이 시간과 노력을 허비한다. 처음부터 솔직하게 말하는 것을 선호하지만, 이제는 고객이나 판매 사원이 위장해서 변명하거나 돌려 말해도 바로 알아차릴 수 있게 되었다.

처음으로 방문 판매 영업을 시작할 때 화장품 영업이 너무 재미있고 가슴이 떨리게 좋았다. 출근하면 행복했고, 예쁜 용기의 화장품은 보기만 해도 즐거웠다. 매일 제일 먼저 출근해서 모든 판매원을 1명, 1명 입구에서 인사하며 맞이했다. 식사를 안 해도 배가 고프지 않았다. 일이 왜 그렇게 신나고 재미있었는지 지금도 이해가 안 된다. 재미있게 하다 보니 판매도 많았고 증원도 많이 되었다. 80명 이상 활동하고 매출은 매번 전국 1~2위를 했다. 그러다 보니 타 경쟁사에서 음료수 한 박스를 사 들고 찾아와서 인사한 후, 명함을 주고는 스카웃 제의를 하기도 했다.

모든 화장품을 다 좋아하는 것이 아니었다. 나는 지금 내가 취급하고 있는 제품이 좋은 것이었기에 경쟁사 직원의 스카웃 제의를 거절했다. 지사가 1~2개에서 계속 늘어나기 시작하면서 지사 간의 경쟁도 일어났다.

늘어난 지사 수만큼 다양한 지사장들이 있었다. 친한 지사장끼리 서로 모임도 하고 정보를 교환하기도 했다. 초기에는 본사에 대한 불만을 지사장끼리 모여 이야기하기도 했다.

나는 당시 열심히 증원하고, 매일 판매 사원들을 관리하며 매출에 신경 쓰고 하다 보니 다른 지사장들과 만나거나 전화할 시간도 없었다. 그렇게 열심히 앞만 보고 노력하다 보니 매출이 계속 늘었다.

화장품 영업의 경험이 없었고, 부산·경남 백화점 열 군데 정도 매장을 관리만 하다가 한 곳에서 판매 사원 관리와 매출을 하는 것이 생소하기도 했고, 빨리 정착하고 싶어서 열심히 일에 매달렸다. 많은 사람이 모이는 조직 사업이었다. 매일 일어나는 자잘한 사건이 수도 없이 많았다. 당시 40대 초반이었다. 근무하는 판매 사원은 대부분 나보다 나이가 많았다. 오히려 나이가 아주 많은 판매원이 더 협조적이었다.

내부적으로 많은 인원이 근무하다 보니 쉴 새 없이 서로 소통하고 이해해야 하는 일상이었다. 영업사원과의 원만한 관계를 위해서는 사소한 것은 대응하지 않고 넘어가야 한다. 그래야 원만한 관계가 유지된다.

고객은 원래 까칠하다. 언제든 거절할 준비가 되어 있다. 거절하는 고객에게 어떻게 반응해야 할까?
즉시 깨끗하게 포기하는 사람이 있고, 끈질기게 계속 설득하는 사람이 있을 것이다. 그리고 일단 물러났다가 다시 시도하는 사람이 있을 것이다. 하지만 영업인은 일단 듣는다. 고객의 말을 주의 깊게 들어야 한다. 반박하려고 하지 말고 자신의 의견을 말하기에 급급한 모습도 보이지 말아야 한다. 말을 쏟아내 고객을 질식시키는 것은 금물이다.

유능한 영업인은 이유를 물어본다. 거절의 이유를 명확하게 파악한다. 고객의 불만에 반응하면서 대답은 간단 명료하게 한다. 해결을 꼭 그 자리에서 할 필요는 없다. 개선책을 찾아오는 것이 더 효과적이다.

논쟁에서 이기는 것은 결국 지는 것이다. 고객과의 논쟁에서 이기면 영업은 실패한다. 누구나 실수할 수 있다. 그때마다 대응하다 보면 고객은 다 떠난다. 항상 자신의 제품이 최고라는 자신감을 가져야 한다. 어떠한 고객의 불만에도 맞서서 대응하지 않고 기다리며 차분하게 반응해야 한다. 영업은 작은 것이 예상치 않게 큰 결과를 가져오는 경우가 있다.

먼저 생각하고
말하라

우리가 상상하는 모든 것들은 실현된다. 김태광 작가님의 《100억 부자 생각의 비밀 필사노트》에서는 "상상력은 인간에게 주어진 아주 값진 선물이다"라고 했다. 마음으로 상상하고 믿는 것은 무엇이든 이룰 수 있다. 영업을 할 때, 상상력은 새로운 전략과 참신한 아이디어를 준다. '고객을 어떻게 설득할 것인가?', '고객 관리는 어떻게 할까?' 등을 상상한다.

현대 사회에서 주변의 편리한 모든 것은 누군가의 상상을 현실로 만든 결과물이다. 화장품 판매 영업은 고객이 달라는 것만 그냥 갖다 주면 배달꾼이 되는 것이다. 배달꾼이 되지 않으려면 매일 생각하고, 매일 상상한 것을 현실로 옮기는 영업을 해야 한다. 매일, 매월 한두 품목을 정해서 영업 상상을 한다. 한 그룹에서 10개씩만 판매하면 사무실 전체로는 100~200개의 매출이 발생하기 때문에 매월 계획과 상상으로 영업을 준비한다.

직급자들이 10개씩 가져가서 하부 라인의 영업을 도와주기도 하고, 하부 직원에게 인당 2개씩 할당해서 영업을 독려하기도 한다. 전체 100개를 무작정 판매한다면 어렵다. 그러나 한 직급자 라인이 10개이기 때문에, 10개 라인에 매달 나오는 기획 세트를 10개씩만 배분해주어도 라인마다의 전략으로 판매는 아주 쉽게 일어난다.

매달 주력해서 집중적으로 판매할 제품을 선정하는 것은 나의 몫이다. 끊임없이 생각하고 그 생각을 말할 때, 영업사원들이 할 수 있다는 자신감을 주어야 한다. 자신감은 판매의 90% 이상을 차지한다. 우수한 제품과 제품으로 인해 얻게 되는 고객의 이익, 그리고 영업사원의 자신감이 합쳐져야 영업은 성공한다.

매달 제품 전략을 짤 때는 100% 판매가 잘될 것이라는 생각을 하고 짠다. 생각이 먼저이고 그에 따른 전략과 교육이 이루어지면, 매월 선정된 제품은 인기 상품이 된다. 생각을 현실로 옮기는 영업은 중요한 의미를 갖는다.

화장품 영업은 고객마다 생각과 철학이 다르기 때문에 고객 각각에 잘 맞춰주어야 한다. 피부 상태나 좋아하는 취향, 재정 상태 등을 대화를 통해 잘 관찰하고 전체적인 내용을 생각한다. 그리고 이 생각을 정리해서 고객에게 필요한 제품과 가격 등을 소개해주면, 고객 스스로 선택해서 판매가 이루어진다. 고객을 만나기 전에 매달 주력으로 생각했던 제품을 고객의 생각을 듣고 잘 조율해서 판매하면 상상하고 생각하는 영업이 되는 것이다.

화장품 영업을 시작하기 전에는 화장품 사용의 중요성을 잘 몰랐다. 옷에만 신경을 썼고 매달 신상 옷 사 입는 데 수입의 많은 부분을 차지했다. 화장품은 스킨, 로션, 크림만 사용했다. 가끔 찐득거리는 것이 싫어 스킨과 로션만 바르기도 했다. 화장품은 마트에서 사거나 할인 코너에서 싸구려만 사서 발랐다. 하지만 옷은 바로 보이는 부분이기 때문에 브랜드와 가격을 중요시하며 비싸고 좋은 것만 입었다. 그 덕분에 옷 잘 입는다는 말은 듣고 살았다. 20년이 지난 지금 생각해 보면 어리석은 일이다. 밤낮으로 고생해서 번 돈을 소모적인 소비에 집중한 것이다.

옷을 잘 입어야 남들에게 우월하게 보인다는 생각을 하고 살아갈 때였다. 옷은 잘 입고 다녔는데 눈가 주름은 많았다. 스킨만 발라도 깨끗하고 촉촉하던 피부가 30대 후반부터는 눈가에 잔주름이 생겼다. 원래 웃으면 눈으로 웃는다는 소리는 들었지만, 화장품을 아예 잘 바르지 않고 살던 나는 웃지 않고 있어도 눈가에 유난히 주름이 많이 생긴 것이다.

그때부터 바쁜 와중에도 일주일에 한 번씩 시간을 내서 피부 관리를 받으러 다녔다. 화장품 대리점을 하면서부터 내가 먼저 사용해야 한다는 생각으로 화장품 전 라인을 사용했다. 클렌징티슈로 닦아내고 클렌징폼으로 거품 세안을 한다. 세안 후 스킨을 바르고, 수분 에센스, 미백 에센스, 재생 에센스를 바르고, 로션을 바른 후, 아이크림을 발랐다. 아이크림은 처음 사용하기 시작했다. 아이크림이 주름 개선이라고 하지만, 나는 주름 개선 효과를 믿지 못했기에 아이크림은 한 번도 발라 본 적이 없었다. 화장품 대리점을 하면서 처음으로 아이크림을 바르기 시작했다. 아이크림을 바른 후 영양 크림, 선크림순으로 기초 화장을 마무리했다.

이렇게 많은 기초라인을 매일 사용하다 보니 굳이 피부 마사지를 받지 않아도 점점 피부가 좋아졌다. 20년이 지난 지금은 30대 중반 때부터 있던 눈가의 주름이 많이 개선되었다. 그리고 나이에 비해 피부가 좋다는 이야기를 많이 듣는다. 매일 하루도 빠짐없이 20년 이상을 아이크림을 바른 결과, 눈가의 주름이 개선되고 피부가 좋아졌다.

화장품은 치료 약이 아니기 때문에 오랜 세월 꾸준히 사용해야 효과가 나타난다. 피부에 투자하지 않고 나이가 들면 어느 정도 경제적 여유가 있어도 피부가 거칠고 투명하지 못하고 주름이 가득하며, 아무리 비싼 옷을 차려입어도 고급스러운 멋이 나지 않는다. 나는 20~30대 때 피부를 방치하다가 그나마 40대부터 20년을 피부에 꼭 사용해야 하는 제품을 꾸준히 사용한 결과, 나이보다 피부 노화가 많이 생기지 않았다.

젊을 때 피부 좋다는 소리를 듣던 사람들이 대부분 화장품을 챙겨 바르지 않아 나이 들어서 확 늙어 보이는 경우를 종종 본다. 하지만 여드름이 많거나 피부가 좋지 않아 고생한 사람들 중에는 피부 트러블 해소를 위해 젊었을 때부터 피부에 신경을 많이 쓰다 보니 50~60대에 피부 미인이 되는 경우가 많다. 화장품 영업사원들은 나처럼 아이크림의 기능을 무시하는 고객들에게 개인 각자에게 맞는 피부를 잘 관찰한 후, 조언을 아끼지 않아야 한다. 제품의 기능을 자신감 있게 설명하고, 고객이 필수로 사용해야 하는 제품은 고객을 위해서 사용하도록 권해주어야 한다.

화장품 영업은 제품을 파는 것이 아니라 고객의 아름답고 자신감 있는 삶을 위해 기여하는 것이다. 매일 꾸준히 피부에 맞는 제품을 사용하면 젊음을 유지할 수 있다. 세월이 흐르는 것이 억울하지 않는 방법은 화장품을 매일 바르는 것이다.

영업사원은 고객을 생각해서 장기적인 목표를 잘 짜서 말해주어야 한다. 고객의 미래를 생각하지 않고는 피부 개선은 없다. 당장 제품 하나 팔면 끝이라고 생각해서는 안 된다. 피부 개선이나 노화 방지는 고객을 위한 영업사원의 상상과 생각이 바탕이 되어야 고객이 믿고 따른다.

한번 고객은 영원한 고객이 되는 것이 방판의 특성이다. 장기적인 피부 개선 효과와 인간관계의 끈끈함이 오랜 고객으로 남게 한다. 풍부한 상상력이나 생각 없이는 새로운 것을 기대하기 어렵다. 영업이나 판매 현장은 더욱 그렇다. 매일 쏟아지는 신상품과 경쟁사의 마케팅 방식이나 전략에는 무한한 상상력이 동원된다. 영업에서 성공하려면 남들보다 더 많이 생각하고 더 크게 고민해야 한다.

성공한 사람들은 자신들의 성공을 "상상하고 생각한 것을 현실로 옮겼기 때문"이라고들 말한다. 그런데 종종 상상하고 생각한 영업 방법을 영업 현장에 접목시키다 보면, 고객의 클레임에 부딪치는 경우도 있다. 요즘은 화장품을 워낙 잘 만들기도 하고, 영업 사원들이 제품 지식을 잘 갖추고 있기 때문에 제품에 대한 클레임은 잘 일어나지 않는다.

하지만 제품이나 가격적인 부분에서 고객 변심으로 인한 클레임은 가끔 있다. 요즘은 이를 다 받아준다. 클레임이 발생하면 고객은 화부터 내고 시작한다. 화를 내지 않더라도 클레임을 한번 제기하면 고객은 물러서지 않는다. 여기에 같이 대응하거나 화를 내면 고객은 영원히 떠난다. 억울할 수도 있지만 다 받아주어야 한다. 고객의 말에 즉각 반응하지 않는다. 절대로 감정적으로 하면 안 된다. 침착하게 상황 파악 후 먼저 생각하고 차분히 말해야 한다. 원하는 클레임은 모두 받아주는 것이 고객 이탈을 막는다.

05

상대방의 관점에서
바라보기

어떤 형태로든 고객에게 이로움이 되는 것이라면 망설이지 말고 확신을 가지고 고객에게 판매해야 한다. 영업인은 상품을 통해 고객이 자신의 삶을 업그레이드시킬 기회를 주는 것이다. 영업하는 사람이 제품에 대해 선입견을 가지고 미리 내가 팔고 싶은 것, 팔기 싫은 것을 구분해버리면 고객의 선택권을 빼앗는 것일 수도 있다. 내가 좋아하지 않는 제품이 고객에게는 꼭 필요한 제품일 수 있다.

고객에게 좋은 제품, 나쁜 제품은 없다. 많은 고객이 필요로 하거나, 좀 더 적은 고객이 필요로 하는 제품으로 구분될 뿐이다. 방문 판매 영업은 영업인 스스로가 좋아하는 제품을 많이 판다. 화장품은 고가와 중저가로 구분되고, 한방 라인, 발효 라인, 미백 라인, 수분 라인, 재생 라인 등 여러 종류가 있다. 건강식품도 같이 판매되고 있다. 건강식품만 많이 파는 영업사원이 있고, 한방 라인만 파는 영업사원이 있다. 아무리 전 라인을 교육해도 영업인 자신이 좋아하는 제품을 많이 판다. 영업인 스스로가 선입견을 버리지 않고는 교육이나 설득으로 판매가 이루어지지 않는다.

사무실에서 강사에게 제품 교육을 받고 현장에 나가지만, 현장에 나갈 때 이미 영업사원이 좋아하는 제품만 가져가기 때문에 다양한 제품이 골고루 판매되지 않는다. 고객의 관점에서 고객이 원하는 제품이 무엇인지 계속 관심을 가지고 관찰해야 한다.

종종 회사에서는 우수 고객을 초청해서 고객 행사를 한다. 회사 소개와 제품 소개 등을 하는 시간을 갖고, 마지막에는 행운권 추첨을 통해 고객들에게 선물도 지급한다. 행사 날, 여러 취향의 고객들을 다 맞추기 힘들기 때문에 사무실에서 제품을 선정해서 교육한다. 교육 후 매출이 많이 발생한다. 식품만 매입하던 분도 교육한 화장품을 사고, 평소 고객들이 사용해본 적 없던 라인인데도 앞다투어 제품을 매입하는 것을 많이 보게 된다.

영업인의 선입견으로 고객이 사용하는 제품이 고정되어 있었던 것이다. 고객은 사실 다양하게 원하고 있다. 영업인이 평소에 판매하던 라인의 화장품이 아니지만, 고객은 감사를 전하면서 제품을 구매해갔다. 영업사원은 어떤 상품은 좋고, 어떤 상품은 자신이 싫어한다는 이유로 별로라고 구분할 필요가 없다. 선택은 고객이 한다.

고객은 영업사원이 하는 말을 그대로 받아들인다. 똑같은 말도 표현에 따라 고객이 받아들이는 데는 많은 차이가 있다. 세일즈 언어는 말에 확신이 있어야 한다. 공손하게 예의 있고 확신을 주는 언어는 고객의 선택을 받는다.

"이 제품에 대해서는 제가 전문가입니다"라고 스스로 확신한다면 그 확신을 고객에게 전달해야 한다. 고객은 자신감 있고 확신에 찬 언어를 좋아한다. 영업사원은 확신을 담아 단정적으로 말해야 한다. 고객은 그렇게 말해주길 원한다. 아내들이 남편에게 잔소리를 계속해도 고쳐지지 않는 것은 어정쩡하게 말하기 때문이다. 단정적으로 말해야 한다. 고객은 단정적으로 말할 때 인식한다. 영업인이 제품에 대한 확신이 있다면, 확신을 전달하는 것만으로도 강한 책임감이 묻어난다. 고객은 확신에 찬 말에 귀 기울인다.

부산·경남에 있는 백화점 열 군데를 관리할 때의 일이다. 백화점마다 1~2명씩 매니저들이 있어서 각 매장에 신상품 입고와 매출만 챙기다가 울산 지역 백화점이 매출이 없어 단독 행사를 했다. 침대 커버 세트는 예쁘게 정리해서 팔아야 하는데, 행사 매장이다 보니 접어서 쌓아두고 판매하니 매출이 오르지 않았다. 매장도 조명이 잘되어 있는 침구류 전용 매장이 아니고, 지하 1층의 식당가 옆쪽 행사 전용 매장에서 일주일간 행사를 했다.

매출이 오르지 않아서 지원을 나갔다. 침대 커버와 이불을 펼쳐서 보여야 하는데, 지나가는 고객만 있을 뿐 멈춰서 구경하는 사람이 없었다. 나는 매대 위 쌓아둔 이불 사이로 올라갔다. 식당 옆에 침대 커버, 이불 패드 등이 있다는 것을 알려야 했다. 제품이 보관되어 있는지, 파는 것인지 고객은 정식 매장이 아니다 보니 무관심했다. 매대 위에 올라가니 갑자기 자신감이 생겼다. 처음으로 큰 소리로 침대 커버, 이불 패드까지 세트로 판매했다. "한정 수량", "선착순 판매"라고 크게 고객을 불러들이며 판매했다.

우수한 제품과 저렴한 가격으로 신상품을 고객에게 선보이는 것이었다. 나는 상품에 대한 확신이 있었다. 그 확신을 고스란히 전했다. 살 생각이 없던 고객들이 강렬한 목소리와 말투에 이끌려 줄을 서기 시작했다. 멀리 있던 고객도 무슨 일인지 궁금해서 찾아오기 시작했다. 그렇게 산더미처럼 쌓여 있던 제품이 순식간에 동이 나고 말았다. 말 한마디 건네지 못하고 지나가는 고객을 쳐다보기만 했던 판매 사원은 곁에서 도우면서 새로운 자신감이 생겼다. 고객은 판매 사원의 자신감 없는 말에 등을 돌린다.

요즘 고객들의 구매 성향은 투자 가격 대비 효과가 좋은 상품을 원한다. 실패 없는 소비를 위해 여러 곳을 비교 분석 후, 구매 결정을 한다. 코로나로 인해 인터넷 쇼핑을 많이 하게 되었다. 젊은 층만의 쇼핑이 아닌, 전 세대가 인터넷 쇼핑을 많이 하는 시대로 가고 있다. 입소문으로 제품이 팔리던 시대에서 이제는 홈쇼핑이나 쿠팡 같은 인터넷 쇼핑몰의 제품 사용 후기를 보고, 고객들이 상품을 구매하는 시대가 되었다.

지금 시대에는 최저가 상품이거나 아니면 최고의 명품이 불티나게 팔린다. 명품 재테크라는 말이 나오기도 한다. 샤넬이나 에르메스, 롤렉스 시계는 고객이 줄을 서서 기다려도 구매하기 힘들다. 롤렉스 시계는 사면 바로 중고가격이 신상품보다 1,000만 원씩 오른 가격에 거래된다. 백화점 롤렉스 매장을 방문했을 때 한 번도 원하는 시계를 살 수가 없었다. 매장에 제품이 진열되어 있거나 보유하고 있지 않은 것이다. 궁금해서 직원에게 물어보았더니 매일 조금씩 들어오면 바로 판매된다고 한다. 하루 방문 고객이 1,000명 이상이라고 한다. 롤렉스 재테크하는 사람 중에는 365일 매일 매장에 들리는 사람도 있다고 한다. 몇 번 매장을 찾았다가 포기했다.

고객의 구매 욕구 흐름은 빠르게 변하고 있다. 갈수록 치열해지는 가격 경쟁으로 최저가만 팔린다. 기업들은 더욱 힘들어지고 있다. 경쟁사보다 뛰어난 제품의 가치를 만들어내야 한다. 비싸더라도 고객이 흔쾌히 지갑을 여는 가치를 높이는 것으로 발상을 전환해서 새로운 이익을 창출해야 한다. 지금의 고객은 최저가 비교가 빠르고 뛰어나다. 믿을 수 있고 명확한 기준의 상품으로 가치 어필을 해야 한다.

상품의 질과 고객 서비스 수준을 높여야 한다. 제품의 가치는 고객의 성원으로 돌아온다. 치열한 가격 경쟁에서 벗어나 경쟁사와 차별되는 가치를 내세우는 영업이 신규 고객을 고정 고객, 단골 고객, 소개 고객으로 이어지게 한다. 신규 고객을 개척한다는 기존 영업 방법에서 이제는 기존 고객을 얼마나 오랫동안 고객으로 남게 하는가를 고민해야 한다.

지금 시대는 고객과 좋은 관계를 유지하면서 계속 재방문하는 것으로 사업의 중심축이 옮겨가고 있다. 팬심 고객, 충성 고객 등 기존 고객을 계속 이탈하지 않게 하는 재방문 영업을 성장시켜나가야 한다. 영업인은 고객의 관점에서 바라보아야 한다. 고객은 이익이 되면 산다. 백화점에서는 종종 정기세일을 한다. 정기세일에 고객들이 망설이지 않고 몰려드는 이유는 '30~50% 세일을 하는 지금, 사지 않으면 손해다'라는 생각으로 제품을 사기 때문이다. 고객은 손해 보지 않으려는 심리가 있다. 이를 잘 이해하고 고객 입장에서 영업하도록 한다.

상대방 입장에서
말하라

일상적인 언어 수준을 벗어나면 그때부터 거부감이 생긴다. 인간은 사회적 동물이다. 그만큼 개인 능력으로 성과를 내는 것보다 남의 도움을 받는 경우가 많다. 대부분의 사람들은 잘되면 내 탓, 안되면 남 탓을 한다. 이런 행동은 타인의 도움이 없으면 힘들어지고 나의 성장도 없다.

영업인이 고객의 입장에서 생각하기만 해도 문제는 대부분 해결된다. 고객이 원하는 상황을 영업인에게 대입해서 해결책을 찾아 도움을 주는 것이다. 고객의 입장에서 생각한 다음, 그 해결책도 타인의 도움을 통해 찾는다. 사소한 대화에서 상대방 입장을 고려한다면, 좋은 습관으로 점점 나아갈 것이다.

배려하는 마음으로 상대방 마음을 열고, 도움을 주고받으면 영업은 성공한다. 고객이 고민을 이야기할 때, 영업인이 그 사람에 대한 배려가 없고 고민에 대한 해석만 한다면 이는 충고로 이어진다. 그럼 고객의 문제는 해결되지 않고 고통만 커진다. 상대방의 입장에서 말하는 습관을 길러야 한다. 고객이 불편사항이나 고민을 털어놓을 때 충고하거나 자랑하거나 권유하는 것을 삼가자. 감싸주고 위로해주는 말을 해야 한다.

지피지기 백전불태(知彼知己 百戰不殆)는 《손자병법》 모공 편에 나오는 말로, '백 번 싸워도 위태로울 것이 없다'라는 뜻이다. 영업인 역시 고객이 어떤지 알면, 고객을 대하는 것이 하나도 어렵지 않고 영업이 쉽게 풀린다. 고객은 이기적이다. 우리 인간은 모두 이기적이기 때문이다. 영업인에 대한 상황을 고객은 신경 쓰지 않는다. 예를 들어, "하기 어렵습니다"라는 말을 하게 되면 고객은 분노한다. 고객 입장에서 말을 하려면 반대로 말하면 된다. "고객님이 바라던 결과를 얻지 못할까봐 걱정됩니다. 최대한 되는 쪽으로 노력하겠습니다"라고 해야 한다. 대화의 중심이 고객의 상황이 되어야 한다. 절대로 영업인의 상황이 되어서는 안 된다.

영업인은 고객을 배려하는 말을 써야 한다. 고객이 중요하게 생각하는 것과 영업인이 중요하게 생각하는 것에는 차이가 있다. 고객은 자신을 존중해주는 마음과 말을 좋아한다.

50대 중반까지는 아무리 먹어도 살이 찌지 않았다. 지금 생각해보면 바빠서 제대로 먹을 시간도 없었다. 아침을 굶고 출근하고, 점심은 간단하게 사 먹고, 늦은 퇴근으로 급하게 부랴부랴 저녁을 차려 먹고, 밀린 집안일을 하는 일상은 체력이 따라가지 못할 지경이었다. 친정 어머니가 아이를 봐주고 있었기 때문에 친정에 자주 들렀다. 갈 때마다 친정 어머니는 "왜 이렇게 삐쩍 말랐냐!"고 야윈 나를 보고 매일 잔소리를 했다. 제대로 집밥을 차려 먹지 못하던 나는 친정에 가거나 가족 모임 때 한 번에 몰아서 많이 먹었다. 먹는 것은 많이 먹는데 살이 안 찐다는 말을 귀에 딱지가 생길 정도로 들었기에, 어떻게 하면 살을 찌울까 운동해보고, 저녁마다 라면을 먹고 바로 침대에 누워 자기도 했다. 하지만 살은 찌지 않고 위만 아팠다.

세월이 지나 60대가 된 나는 이제 물만 먹어도 살이 찐다. 며칠 전, 친정 모임에 갔더니 친정 어머니가 또 잔소리했다. 이제는 살이 많이 쪄서 등짝이 커다랗다고 살 좀 빼라고 난리였다. 다이어트한다고 일주일 정도 저녁도 안 먹고, 번데기로만 저녁을 때우고 있는 나에게 "살이 너무 쪘다", "뚱뚱하다"며 계속 잔소리를 했다. 사람들은 자신이 아무 생각 없이 하는 말에 상대방이 큰 상처를 받기도 한다는 것을 알지 못한 채 계속 자기 생각대로 이야기하는 경우가 많다. 상대방의 마음이나 입장을 먼저 생각한다면, 누구도 그처럼 함부로 이야기하지 않을 것이다.

일본에서는 어릴 때부터 가정에서는 물론, 유치원, 초등학교에서부터 '상대방 입장에서 생각하라'라고 가르치고 있다. '자기주장만 하지 말고 상대방이 무엇을 생각하고, 무엇이 필요하며, 무엇을 원하는지 이해하려고 하라'고 가르친다. 자기주장을 똑 부러지게 하는 학생보다 상대방을 배려하는 학생이 더 칭찬받는다.

고객을 설득할 때 영업인의 제안이 좋고, 이익이 있으며, 장점이 있다고 설명하는 것도 중요하다. 하지만 고객이 걱정하는 부분이나 고객 입장에서 장애가 되는 부분을 사전에 파악하고, 이를 제거해준다는 논리를 펴는 것도 중요하다. 철저하게 고객 입장에서 고객이 느낄 불안감과 손실도 염두에 두고 설득해야 한다.

높은 분이나 상사 중에 "내가 얼마나 잘 해주었는데…"라고 말하는 사람이 많다. 그 이야기를 듣는 사람 입장에서 공감하는 경우가 얼마나 있을까. 잘해준다는 것은 사람마다 기준이 다르다. 잘해준다는 사람 입장이 아니라 잘해줌을 받는 사람 입장에서 잘해준다고 느껴야 잘해주는 것이다. 정말 잘해주는 윗사람이나 상사의 경우, 그 사람들이 이야기하고 있지 않아도 아랫사람이나 부하 직원들이 오히려 칭찬을 하고 다닌다.

상대방의 입장에서 생각하는 역지사지(易地思之)가 이럴 때 필요하다. 비가 오는 날 건물 로비에 들어가는데, 도어맨이 문을 열어주었을 때

"미안합니다. 신발 때문에 바닥이 더러워지겠는데요"라고 말하는 사람과 단순히 "고맙습니다"라고 말하는 것은 다른 느낌을 준다. 상대방의 입장에서 배려를 담아 건네는 말은 많이 다르다. 그런 말은 고객의 진심 어린 도움을 받을 수 있다. 상대방의 입장에서 생각하는 것이 역지사지다.

고객 만족을 최우선으로 하는 서비스업에서 역지사지와 공감은 필수요소다. 20년 전, 방판 영업 당시 갑자기 매출이 많이 늘어난 상황에서 관리 인원 역시 80명 이상이다 보니 영업사원들 이름과 얼굴을 기억하기 힘들어 매일 사진과 이름을 붙여놓고 외우기도 했다.

아침 조회가 끝나고 한 사람씩 질문이나 요구 사항을 들어주다 보면, 먼저 부탁한 영업사원의 요구를 깜빡 잊고 못 들어준 적이 많다. 그 후 섭섭하게 생각하는 영업사원들에게 한 사람씩 차례대로 부탁하거나 질문을 하라고 할 정도로 바빴다. 당시, 사무실 직원들은 아침 조회 후 영업사원들이 주문한 제품을 한꺼번에 지급해야 하고, 수금도 해야 되니 정신이 없어 실수가 나오기도 했다.

매일 바쁘다 보니 재고 조사를 한 달에 한 번씩 했다. 재고가 맞지 않아서 그 재고를 찾을 때 매우 어려움을 겪었다. 그래서 매일 재고 조사하는 방법을 택했다. 갑자기 매일 재고 조사를 한다고 하니 총무는 1억 원이 넘는 재고를 매일 조사한다는 것은 절대 불가능하다고 반대했다. 한 달에 한 번 재고 조사를 1시간 이상씩 해도 재고가 맞는 날이 없었다. 나는 매일 재고 조사하자고 밀어붙여서 일주일 동안 매일 했다. 그때부터는 80여 명 이상이 매일 가져간 제품이 모두 기억이 나서 재고가 맞았다.

재고가 많아서 절대 매일 조사 못한다는 총무와 어떻게든지 재고가 맞아야 영업을 믿고 할 수 있다고 생각한 나는 서로 입장 차이가 컸다. 총무와 조율하면서 결국 재고 조사는 매일 하는 것으로 정해졌다. 매일 습관이 되니 처음에 그렇게 힘들게 느껴졌던 재고 조사도 순식간에 하게 되고, 매출 누락이나 제품 분실도 없고, 재고가 뭐가 있는지 눈 감고도 파악할 수 있게 되었다.

영업사원이 현장 활동 중에 필요한 제품을 주문하면 바로바로 재고를 알려줄 수 있게 되었다. 매일 재고 조사의 효과를 톡톡히 보게 된 것이다. 영업을 시스템화하기까지의 입장 차이는 서로가 입장을 바꿔 생각하면서 조율하게 되었다. 직원이라고 혼내고 강압적으로 지시하기보다는 각자 의견을 내고 서로 맞춰가는 쪽을 선택했다. 결과는 대만족이었다.

성공하는 사람은 상대방 이야기를 먼저 듣고 '그럴 수 있지'라고 말하고, 실천하는 자세가 몸에 배어 있다. 영업인이 고객을 배려하는 말을 썼을 때 영업에서 위태로워지지 않는다.

PART

5

영업은
결과로 말한다

내성적인 그녀는 어떻게 영업의 달인이 되었을까?

01

영업은
결과로 말한다

영업은 회사의 생존을 위해 무조건 결과를 내야 한다. 영업은 처음부터 판매 계약을 한다는 생각으로 고객을 만나야 한다. 시간이 남아서, 할 일이 없어서 사람을 만나는 것이 아니라, 제품을 팔기 위해서 사람을 만나야 한다. 몇 년을 기다려서 고객에게 제품을 연결했다는 것은 자랑이 아니다. 이는 영업을 실패한 것이다.

영업인은 고객을 만날 때 두 번째에 결과를 낸다는 생각으로 전력투구해야 한다. 못해도 최소한 세 번의 만남까지는 영업의 결과를 내야 한다. 팔려고 하지 않으면 못 판다. 영업 결과를 내기 위해서는 영업 목표를 매일, 매주, 매월 세우고 영업 활동을 해야 한다. 영업 활동을 수시로 점검하면서 결과를 점검해야 한다.

영업은 무작정 열심히만 해서 되는 것이 아니라 영업 시스템이 있어야 한다. 방문 판매 영업은 일일 목표가 주어진다. 하루 신규 개척은 몇 명 하고, 기존 고객은 몇 명을 만나서 판매는 얼마나 할 것인지, 매일 아침 계획한다. 그 계획대로 매일 움직이다 보면 월 매출을 맞추게 된다. 월초에 세운 월 매출 목표는 일일 목표의 달성으로 맞추게 된다.

오랜 세월 방문 판매 화장품 영업을 하다 보니 수십 명의 한 달 매출 목표를 다 외우고 있다. 아침 출근 시 영업사원의 얼굴만 보아도 현장 활동을 열심히 하고 있는지, 영업을 소홀히 하는지 알 수 있다. 매달 목표를 지사에서 정해주고, 본인이 목표를 맞출 수 있게 지원해준다. 영업사원이 잘 팔 수 있는 제품 중에서 기획세트로 나온 제품 위주로 묶어서 팔 수 있도록 개수를 10개 단위로 준다거나 제품을 팔 때 1:1이나 2:1 정도의 견본을 지원한다.

목표와 제품을 갖추면 영업인은 행동으로 실행한다. 중간중간 제품을 잘 팔고 있는지, 목표를 잘 달성하고 있는지 매출 체크를 해준다. 영업사원과 함께 목표 달성을 위해 한 달 동안 노력하면 대부분 목표 달성을 한다. 개인 매출 목표를 정리해주고 관리하면서 매출이 부진한 사원은 강사가 동행해서 판매까지 도와준다. 직급자들은 하부 조직이 탄탄하게 자리 잡을 수 있도록 판매 기술이나 고객 관리 교육 등을 해준다.

오랫동안 화장품 영업을 하는 국장이 있다. 매일 아침 하부 라인 출근 시 미팅을 한다. 국장 라인에서 하루 판매할 수 있는 제품을 선정해서 하부 5명에게 할당을 주고 영업을 한다. 활동시간 중간중간에 단체톡으로 체크해서 잘 파는 사람이 못 팔고 있는 영업 사원의 남은 제품을 팔아주기도 한다.

국장이 동행 판매도 해주고 월말 마감 때 못 맞추는 목표는 도와주기도 한다. 조직 사업이다 보니 각 라인마다 자체적으로 경조사 챙기기, 아침마다 영업 회의 또는 영업인으로서 성장할 수 있도록 자체적으로 끌어주고 밀어주는 영업을 한다. 시스템으로 잘 운영될 수 있도록 지사에서는 계속적인 관심과 지원을 해준다.

영업은 진입 장벽이 없다. 진입 장벽이 없기 때문에 학벌, 외모, 스펙 등이 필요 없다. 영업에 과정은 필요 없다. 영업의 세계는 결과로 말하고 결과로 보상받는다. 지금 자기 자리에서 좋은 실적을 만들어야 세일즈 매니저가 될 수 있다. '나도 지점장, 본부장, 사장이 되면 지금 하고 있는 사람보다 더 잘할 수 있다'라고 말하지만, 영업의 세계에서는 지금 하고 있는 일의 실적으로 그 자리로 올라갈 수 있다. 하고 있는 일이 힘들고 어렵고 하찮게 느껴진다 해도 불평불만 하지 말고 영업인이라면 변명보다는 먼저 영업 실적으로 평가받아야 한다. 영업에서 목표를 세우면 구체적인 타깃을 정해서 활동해야 한다. 그러면 실적이 나온다.

실현 가능한 목표를 설정하고 달성하고자 하는 매출에 대한 압박을 받으면 정해진 기간 내에 목표 달성을 한다. 목표 달성에 대한 시간이 정해져 있지 않으면 실행력이 떨어진다. 영업은 말보다는 행동 기술이다. 실행력이 영업의 성공을 좌우한다.

한 달에 한 번씩 공장에 방문하는 영업사원이 있다. 점심시간 1시간 동안 식당 옆 통로에 제품을 가득 진열해놓고, 고객을 한 분씩 가볍게 마사지해주거나 간단하게 할 수 있는 피부 관리를 해준다. 강사도 동행해서 서비스한다. 한꺼번에 쏟아지는 고객들에게 사용해볼 수 있는 화장품 샘플을 선물로도 준다. 서비스를 받기 위해 빠르게 식사를 마친 고객들은 줄을 서서 기다린다. 기다리는 고객들에게 여러 명의 영업사원들은 바로바로 서비스에 들어간다. 얼굴 마사지, 핸드 마사지, 제품을 이용한 고객 체험은 반응이 아주 좋다.

판매와 샘플 서비스, 고객 피부 관리 체험 등을 하다 보면 시간이 순식간에 지나가버린다. 틀에 박힌 업무에 지친 여사원들에게는 외부 방문객이 신선함을 주기도 하고, 여자라면 예뻐지고자 하는 욕구가 있어 인기가 좋다. 시간이 부족한 회사 직원들에게는 현장으로 방문해주는 방문 판매 화장품 영업사원이 고맙게 느껴지기도 한다. 한꺼번에 고객이 몰려들기 때문에 정신없이 판매를 해야 하는 영업이지만, 영업사원들은 항상 영업의 보람을 느낀다.

목표가 있으면 실행하기 위해 행동하게 된다. 한두 번의 노력으로 성과를 얻기는 어렵다. 생각만 하지 말고 꾸준히 찾아가서 정성을 기울이는 것이 가장 좋은 방법이다. 계속 방문하면서 얼굴을 알리는 것이 기본 영업 전략이다. 비과학적이고 자존심 상한다는 생각이 든다면 거절을 당했을 때 바로 포기하게 된다.

거절에 너무 민감하게 반응하지 말아야 한다. 대부분의 영업인이 한 번의 거절에 포기하고, 오로지 8%만이 네 번 이상의 거절을 견디고 다섯 번째 판매한다는 결과도 있다. 거절이 두려워도 계속 고객과 만나야 한다.

시청, 군청 등 관공서 영업만 하는 판매 사원이 있다. 사무실에서 전체 아침 교실을 하고 있는데, 간판을 보고 지나가다 들렀다고 하면서 들어왔다. 아침 교실이 끝나고 30분 동안 나와 면담을 했다. 백화점에서 화장품을 사서 사용하고 있는데, 필요한 제품을 사고 싶다고 했다. 사무실에서 직접 판매하기보다는 판매 사원에게 연결을 시켜주면 신규 고객이 1명 늘어나고 계속 관리가 되어 고정 고객으로 자리 잡기가 좋다.

우리 지사에서 관리를 제일 잘하고 지각, 결근이 없는 아주 성실한 국장을 소개해주었다. 고객분들이 좋은 제품을 싸게 살 수 있는 방법은 판매 사원으로 등록하는 것이기 때문에 국장에게 판매 사원으로 등록시켜보라고 했다. 비싼 화장품을 소비자 가격으로 사서 쓰던 고객이 판매 사원으로 등록함으로써 한 달에 30만 원씩 절약하게 되었다. 국장과 나이도 비슷하고 같은 동네에 살고 있어 매일 국장 차로 같이 출근하게 되었다. 신입사원이 된 고객은 젊고 성격도 활발하고 똑똑하기까지 했다. 그는 밤새워 제품을 공부해서 바로 화장품 전문가가 되었다.

관공서를 타깃으로 잡고 매일 한 군데씩 돌며 샘플에 스티커 넹함을 붙여 영업했다. 고객은 어떤 화장품이든 자기가 본래 쓰고 있는 제품이 있다. 그렇기에 처음부터 화장품을 팔려고 하지 않고 제품 샘플만 돌렸다. 관공서 10군데 이상을 돌면서 계속 샘플만 돌리고 다녔더니, 얼마 지나지 않아 주문이 들어오기 시작했다. 한두 번 오다 그만두는 영업사원이 대부분인데, 매주 같은 날에 나타나는 판매 사원을 기다리게 된 것이다.

처음에는 판매가 일어나지 않았지만 계속 같은 날에 꾸준히 샘플을 주면서 얼굴을 익힌 결과, 성과가 나타난 것이다. 직장인들이라 인당 매출이 높고 결제도 바로바로 되어 수금 때문에 재방문하는 번거로움이 없었다. 요즘은 카드가 일반화되어 있어서 수금을 나눠서 주거나 미루어주는 경우가 잘 없지만, 10년 전만 해도 방문 판매 화장품은 몇 달에 나눠 분할 입금을 하는 경우가 많았다.

고객에서 판매 사원이 된 직원은 자신이 좋아하는 제품을 팔기 때문에 제품에 대한 신뢰와 확신이 있어 영업을 잘할 수 있게 된 것이다. 이후 시청, 군청, 구청은 이 영업사원의 구역이 되어버렸다. 매주 성실하게 꾸준히 방문한 결과다. 영업은 기업의 최전선이다. 영업은 결과로 말해야 한다.

02

간절함으로
행동한다

시간은 다시 오지 않는다. 이 시간은 죽을 때까지 한 번이다. 최선을 다하고 집중하며 올인하지 않으면서 성공할 수 있는 것은 없다. 마라톤 42.195km를 뛸 때, 인간의 한계에 다다르는 지점이 있다. 데드포인트다. 포기하고 싶어지는 구간이다. 그러나 그 데드포인트를 넘어가면 편안해진다고 한다. 누구나 어떤 일을 하든지 데드포인트는 온다. 그것을 이겨내야 한다. 영업인은 '내가 이거 하나만은 목숨을 걸고 이루어내야겠다' 하는 간절함이 있는지 가슴에 손을 얹고 생각해보아야 한다.

'공부의 신' 강성태는 대한민국의 공부 잘하는 '공신'들을 누구보다 많이 접한 사람이다. 그가 말하기를, 처음부터 공부 잘하는 사람은 없다고 한다. 누구나 마찬가지로 처음에는 영어 단어 1개씩, 수학공식 1개씩, 기본문제와 연습문제 1개씩, 책 1권씩, 이런 식으로 차근차근 포기하지 않고 올라간 것이라 한다. 태어날 때부터 영어단어를 다 외우고 태어나는 사람은 없다. 수능 만점자, 고시 합격한 사람들도 예외는 없다.

중요한 것은 포기하지 않는 자세다. 매일 한 발자국씩 내디디면서 나아간다면 목적지에 도달할 것이다. "나는 원래 공부 못한다", "가난해서 공부 못한다", "공부 환경이 안 되어 있다"라고 말하는 사람들은 간절함이 없는 것이다. 진짜 간절한 사람은 핑계 대는 그 시간에 한 자라도 더 본다. 매일매일 반복해서 포기하지 않고 조금씩 나아가면 좋은 결과가 있을 것이다. 지금이 편하다면 추락하고 있기 때문이다. 목표를 향해 올라가고 있는 것이 아니라 내리막길을 걷고 있기 때문에 편안한 것이다.

간절함으로 영업을 시작했음에도 잘 안되고 막힐 수도 있다. 진짜 힘들 때는 조금씩 쉬어가자. 하지만 절대 멈추지는 말아야 한다. 영업인은 적극적이고 진지한 태도를 가지고 제품에 대해 긍정적인 인식을 심어주어야 한다. 영업사원의 간절함이 보일 때 고객은 안정감과 편안함을 느낀다. 영업사원이 정성과 배려를 보였을 때, 고객은 제품을 구매한다. 나에게 주어진 에너지와 열정을 오직 하나에 집중할 수 있는 사람이 성공할 수 있다.

박지성, 김연아는 10대 때 운동으로 미쳐본 사람들이다. 공부의 신강성태는 단어만큼은 미국 아이들에게 지고 싶지 않아서 영어 사전이 걸레가 되도록 보았다고 한다. 태어나서 한 번이라도 무언가에 미쳐본 적이 있는가? 영업인 스스로 미쳐본 적이 있는지, 몰입해본 적이 있는지 생각해보자. 다른 사람에게 인정받는 것이 아니라 자신에게 인정받는 것이 진정한 성공이다.

타협하고자 하는 무수한 생각을 버리고 날마다 새로워져야 한다. 나는 어릴 때부터 팔 힘이 없어서 체육시간에 매달리기를 하면 1~2초가 전부였다. 그래서 나는 내가 평생 팔 힘이 없는 사람이라 생각하고 살았다. 그러다가 나이 들어 근력이 중요하다고 해서 팔굽혀펴기에 도전해보았다. 처음에는 2개도 못했다. 매일 1개씩만 늘려가기로 했다. 첫날 2개, 둘째 날 3개, 셋째 날 5개, 매일 하루도 빠짐없이 한 달을 하니 50개를 할 수 있게 되었다.

또 플랭크에도 도전했다. 플랭크 역시 첫날에는 1초였다. 다음 날에는 5초, 3일째는 10초였다. 플랭크를 할 때마다 원장님이 사진을 찍어서 단체 수련방에 사진과 함께 플랭크 몇 초라고 올린다. 나의 한계를 극복하게 만드는 수련이다. 매일 조금씩 버티면서 온몸이 부들부들 떨리는 한계를 지나 땡 소리와 함께 수련을 마친다. 10일이 지나면서 플랭크 2분을 돌파했다. 마음속으로 숫자를 세면서 "나는 할 수 있다. 나는 할 수 있다"를 외치면서 버틴다. 첫날 1초를 생각하면 2분이란 시간은 어마어마하게 발전한 것이다.

매일 한계를 극복하면서 첫날 2분은 불가능해도 1초씩, 2초씩 늘려가는 꾸준함이 중요하고, 멈추지만 않으면 앞으로 나아갈 수 있다는 것을 몸으로 느끼고 있다.

"간절함이 성공의 기적을 낳는다."

작가 이나모리 가즈오(稲盛和夫)의 말이다. 막연한 간절함이 아니라 구체적으로 의지와 다짐이 분명한 간절함이 있을 때, 놀라운 힘이 생겨난다.

화장품 방문 판매 영업은 아모레의 경우, 아모레 본사에서 오래 근무하면 퇴사 후 대리점을 개설해준다. 직원이 아니면 대리점을 할 수 없다. 야쿠르트도 대리점을 하려면 본사 직원이어야 한다. LG 오휘의 경우는 화장품 방문 판매 영업 초기부터 타 경쟁사에서 영입해서 대리점을 개설하거나 방문 판매 경험이 없어도 자본과 영업력을 인정받으면 대리점 개설을 해주었다.

나는 백화점 영업 10년 경력을 가지고 방문 판매 영업을 하게 되었다. 초창기 조직이 없어서 마음고생을 많이 했다. 조직 사업은 영업력이 있는 초기 사원으로 구성되어야 조직이 빨리 성장하고, 빨리 자리 잡는다. 그래서 경쟁사 우수 사원을 영입하는 데 많은 신경을 썼다.

영입은 쉽지가 않았다. 오랫동안 고객에게 '이 화장품이 좋다'라고 설명해서 충성 고객이 많이 형성된 영업사원은 다시 새로운 브랜드의 화장품을 좋다고 권유하기가 쉽지 않다고 한다. 초창기 조직 구축을 위해 나는 그 어떤 것도 이유가 될 수 없다는 생각으로 꼭 방판 영업에서 성공해야 한다는 절박하고 간절한 생각으로 오직 일에만 매달렸다.

LG화장품 방문 판매 영업은 LG에서 처음 만든 브랜드였기 때문에 인지도가 아예 없었다. 고객에게 알려져 있지 않았기 때문에 브랜드도 알려야 되고, 직급자 영입 시 직급자의 수익 우수성도 알려야 했다. 브랜드 인지도가 없어서 가족들도 반신반의하면서 아무도 응원해주지 않았다. 50평 이상의 사무실과 직원들, 5,000만 원 이상의 초도 물량 재고 확보 등으로 매출은 없고 투자만 이어졌다.

매달 사무실 임대료와 강사, 총무 급여가 나가는데 소매 판매가 아니라 도매 사업이다 보니 조직이 없이 몇 달이 흐르니까 주변에서 굉장히 걱정했다. 하지만 나는 당장 눈앞이 아닌, 멀리 보았다. 1명이 2명 되고, 2명이 4명으로 조직을 구축하면서 열심히 노력했다. 하지만 단 1명도 응원하거나 도와주는 사람이 없었다. 성공하지 않으면 안 되는 벼랑 끝에 내몰렸다.

매일 기도하면서 출근하고, 내가 할 수 있는 일에 최선을 다했다. 나는 '조금 여유를 가지고 천천히 조직을 구축하면 되는 사업이다'라는 확신이 들었고, 오직 그 확신에 매달려 주변을 무시하고 일에 매달렸다. 절박하고 간절했다. 너무 바빴지만 병원에 갈 시간도 없어 위

경련을 달고 살았다. 위가 아파 혼자 배를 움켜잡고 기어서 약국에 간 날도 많았다. 간절하면 기적이 일어난다고 했던가. 기적은 일어났다. 8개월 만에 1억 원을 돌파하고 '최초'라는 타이틀을 달았다. 20년이 지난 지금 생각해보면 영업인으로서 간절하게 행동하던 때가 행복했던 것 같다.

스물여덟 살부터 영업을 시작해 지금까지 30년 이상 해왔다. 매 순간 치열하게 간절함과 꾸준함으로 버틴 것 같다. 영업을 처음 하던 사람 중에 간절하게 영업하는 사원이 있었다. 그는 남편이 바람나서 집을 나간 후 네 살짜리 아이와 혼자 살게 되었다. 영업을 해본 적 없는 사람이었는데, 국장이 '영업사원 모집'이라는 작은 전단을 만들어 붙인 것을 보고, 사무실에 찾아와서 영업을 시켜달라고 했다. 프릴이 달린 긴 치마에 머리에 리본을 매고 찾아온 그 사원은 당시 가정주부 모습 그대로였다. 수줍음이 많아 말도 잘 못했다. 그래도 전단을 보고 꼭 일해야겠다는 마음으로 사무실을 찾았다고 했다.

그렇게 시작한 영업을 지금까지 20년 동안 하고 있다. 예쁜 새댁 모습에서 카리스마 넘치는 국장으로 변신했고, 딸은 대학을 졸업해 좋은 직장에 다니고 있다. 국장은 집도 샀고, 차도 좋은 것을 타고 다닌다. 영업은 성실하게 노력하고 간절함으로 최선을 다하는 사람, 절대 멈추지 않고 나아가는 사람이 성공한다.

자신감이
고수로 만든다

영업에서 가장 중요한 것 중의 하나가 자신감이다. 지금은 없어졌지만 부산에 태화백화점이 있었다. 백화점에 입점하기 위해 13개 브랜드가 10일간 행사를 했다. 처음 하는 행사이고, 이미 입점되어 있는 국내 유명 브랜드와 경쟁해서 매출을 많이 한 1개 브랜드만이 입점되는 행사였다. 매일 치열하게 경쟁했다. 10일간 총금액이 높은 브랜드가 입점되었다. 매일 1등을 해야 10일 후 1등이 되는 것이라 생각하고 하루하루 최선을 다했다. 브랜드 인지도가 낮아서 판매하기가 어려웠다. 손님이 없으면 간절하게 마음속으로 기도도 하고, 점심시간에 손님을 놓칠 것 같아 우유와 빵으로 때우며 식당도 가지 않았다. 결과는 1등으로 본 매장에 입점되었다.

자신의 제품과 서비스에 자신감을 가져야 한다. 제품에 대한 자신감은 제품을 사랑해야 생긴다. 백화점 영업을 10년 하는 동안 백화점에 입점해 있다는 것만으로도 자부심이 있었다. 그러나 각 지역 매장 직원들은 매출 실적을 올리기 위해 노력했지만, 취급하고 있는 제품의 인지도가 낮아 항상 경쟁사 제품에 밀리는 것이 힘들어서 자부심이 점점 식어갔다. 또한, 백화점 영업을 평생 하기에는 주말이 너무 바쁘고 힘들었다.

그래서 나는 대기업 브랜드 제품의 방문 판매 영업으로 내 직업을 바꾸었다. 초창기 때는 고객이 잘 몰랐다. 하지만 대기업 브랜드라는 자부심이 있었기에 고객이 몰라도 자신감이 있었다. 제품에 대한 사랑과 열정으로 일은 힘들지 않고 재미가 있었다.

직접 판매하지 않고 조직을 구축해 판매 사원들이 영업을 했다. 영업을 할 수 있게 도움을 주는 사람으로서 제품이 너무 자랑스럽고 자신감 또한 넘쳤다. 자부심과 사랑은 제품 공부를 하게 했다. 고객에게 행복을 준다는 생각에 항상 기뻤다. 판매 사원들은 경쟁사보다 수입이 훨씬 좋았고, 제품 또한 최고였다. 어느 누구에게나 당당하고 자신감 있게 말할 수 있는 제품과 수익구조는 자신감과 자부심을 주었다.

영업은 자랑스러워해야 한다. 물건을 팔아야 돈을 번다고 생각하면 절대로 자신감이 생기지 않는다. 반면, 제품과 서비스를 통해 다른 사람을 좀 더 행복하고 성공하도록 도와준다고 생각하면, 자연스럽게 자신이 하는 일에 자긍심과 자신감도 생긴다. 물건 파는 영업사원이 아니라 고객을 돕는다는 마음으로 만나면 영업직 역시 의사 못지않게 존경받는 직업이 된다.

내가 존경하는 1명의 영업인이 있다. 화장품, 건강식품 판매회사 '긴자 마루칸'과 일본 한방연구소의 창업자로, 일본에서 여러 해 연속 납세 1위를 기록하고 있는 기업가 사이토 히토리(斎藤一人)다. 일본에서 유일하게 1993년부터 2005년까지 12년간 일본 사업소득 전국 고액 납세자 종합순위 10위 안에 들었다. 납세 전액이 사업소득이어서 주목받았다. 《부자의 운》이라는 책을 접하면서 알게 된 기업가다. 내가 영업 마인드를 잡게 된 계기가 된 책이다.

'히딩크 스코어 5:0'이라는 말이 있다. 2002년 월드컵을 하기 전, 프랑스와 칠레 경기에서 연속 5:0으로 졌기 때문이다. 여론의 지탄을 받을 때 히딩크는 "전혀 창피하지 않다. 우리 선수는 훌륭하다. 단지 부족할 뿐이다. 부족한 부분을 개선할 것이다. 지금 당장 이기려면 네팔이나 방글라데시 선수들과 싸우면 된다. 이길 수 있다. 그것이 중요한 것이 아니라 실패해보아야 승리하는 방법을 안다. 승리할 수 있는 방법을 찾아 보완해서 이길 것이다"라고 말했다. 히딩크는 여론의 몰매를 맞아도 주눅 들지 않고 당당했다. 결국, 월드컵 4강이라는 자랑스러운 결과를 만들어냈다.

영업인은 영업이 안 되는 이유와 자신의 부족한 부분을 객관적으로 냉정히 파악해야 된다. 그리고 이를 보안하고 고쳐나가야 한다. 잘할 수 있는 요소로 바꾸는 노력을 해야 한다. 주눅 들거나 기죽지 말아야 한다. 연고가 없어도 기죽지 않고 앞으로 나가면 영업을 잘하는 사람이 된다. 안 되는 이유를 파악하고 부족한 부분을 개선해야 한다. 실패는 성공의 과정이다. 영업을 선택했다면, 인생을 걸어야 한다. 자부심을 느끼고 자신이 파는 상품을 사랑해야 한다.

　브랜드가 약한 방문 판매 화장품 영업을 잠깐 한 적이 있다. 베풀어 준 것이 감사해서 열심히 노력했다. 하지만 아무리 자부심과 자신감을 가지고 열정을 불태우려고 해도 제품에 대한 애정과 자긍심이 생기지 않았다. 적당히 매출 유지만 하다가 얼마 안 있어 그만두었다. 그러다 대기업 1등 브랜드를 다시 하면서 열정과 자신감을 되찾았다.

　매출이 한계에 부딪히고 희망이 보이지 않던 예전 제품과 달리 노력하는 만큼 날개 돋힌 듯이 매출이 올랐다. 확신이 없으면 절대 성공할 수 없다. 영업을 잘하는 사람들의 절대적인 공통점은 자신에게 당당하다는 것이다. 당당한 모습에 고객은 확신을 가지고 구매한다. 상품에 앞서 사람을 사는 것이다. 자신감 있는 영업인의 권유에 고객이 믿음을 갖게 된다. 스스로 당당해야 한다. 그래야 고객이 마음의 문을 연다.

영업은 마음을 닦는 수행과 같다. 매일 마음속에서 일어나는 부정적인 생각과 나약한 마음을 긍정적이고, 강한 마음으로 무장해야 한다. 지속적으로 긍정 에너지를 충전해서 항상 자신감을 유지해야 한다. 마음가짐이 80% 이상이다. 자신감이 충만한 사람이 일을 잘한다. 제품 공부를 해야 한다. 자신감은 실력에서 나온다.

육체의 건강을 위해 운동을 해야 하고, 긍정적인 생각을 갖기 위해 종교 생활을 하는 것도 좋다. 마음의 그릇을 크게 키우는 명상도 추천한다. 긍정적인 사람과 교류하고 성공한 사람과 만나라. 영업을 잘하게 된 것은 실적에 상관없이 영업적인 삶을 살겠다고 다짐하고 행동했기 때문이다. 실적, 결과에 상관없이 영업적으로 삶의 방식을 바꾸었다.

수동적이고 내성적인 성격을 능동적이고 적극적으로 바꾸었다. 수비적인 자세에서 공격적으로 바꾸었다. 내가 먼저 다가가고, 내가 먼저 표현하는 삶으로 변해야 한다. 먼저 반갑게 말을 걸고, 잠재 고객들에게도 적극적으로 다가가고 표현하면서 자신감 있게 행동해야 한다. 영업적인 삶이 습관이 되어야 한다. 그러면 언젠가는 꼭 성공할 것이다.

영업은 삶이다. 자신을 전부 던져야 한다. 미래의 꿈에 모든 것을 던져라. 안 되고 힘들어 재미없어도 열심히 노력해서 경지에 도달해야 된다. 변함 없이 노력하는 모습에 주변의 평가가 바뀐다. 지속해서 봉사하고 계속 도움을 주는 사람이 되면 고객에게 꼭 필요한 사람이 될 것이다. 그러면 영업이 쉬워진다.

손정의(孫正義) 회장이 '알리바바'의 마윈(馬雲)에게 200억 원을 투자한 일화가 있다. 투자해놓고 한 번도 연락하지 않고 아무것도 하지 않았다. 그러나 그것은 훗날 150조 원의 이익이 되어 돌아왔다. 손정의는 마윈의 근성을 보고 투자했다. 인간에 투자한 것이다. 영업은 영업하는 사람의 태도에 달려 있다. 제품에 달려 있는 것이 아니다.

배려가 고객의
마음을 연다

벡스코에서 차 문화 행사가 열렸다. 티켓이 10장이 있어서 직원들에게 "필요한 사람이 있으면 주겠다"라고 했다. 그러나 아무도 관심이 없었다. 나는 차를 10년 이상 마시면서 공부하고 있기에 나에게 차 행사는 언제나 기다려지는 행사다. 그러나 아무도 시간을 내서 가려고 하지 않았다. 겨우 2장을 남편과 가라며 반강제로 직원 1명에게 주었다.

요즘 사람들은 전통차에 대해서 관심이 없다. 차에 대해서 잘 알지도 못한다. 이렇게 좋은데 왜 관심조차 보이지 않을까 도무지 이해가 되지 않았다. 월요일에 출근하자마자 티켓 2장을 시큰둥하게 가져갔던 직원이 나를 찾아왔다. 차 행사를 구경하러 갔는데, 정말 좋았고 남편이 특히 더 좋아했다고 말하며 각종 차를 다양하게 마셔보고 여러 찻자리에 손님으로 앉아 대접받는 기분이었다고 했다. 아름다운 찻자리는 힐링이 되었고, 다음에 행사 있을 때 꼭 갈 수 있게 해달라고 했다.

가보지도 않고 아무것도 모르면서 무조건 마음을 닫는 것이 사람의 심리다. 세일즈의 세계에서는 이런 현상이 더욱 심하다. 예를 들면, 화장품은 보통 예뻐질 수 있다는 기대감으로 산다. 그래서 미리 체험을 할 수 있는 방법을 많이 쓴다. 바로 샘플 사용이다. 고객에게 마사지나 샘플을 주면서 제품을 직접 발라 보게 한다. 사용 전과 후의 변화가 보이면 고객은 마음을 연다. 처음 고객이 되는 것이 힘들다. 먼저 배려하고 고객에게 필요한 것이 무엇인지 고객에게 맞춰주면서 마음을 열도록 해야 한다. 특히 화장품을 시연했을 때 비포 앤 애프터 장면은 드라마틱한 경우가 많다. 고객의 막연했던 기대는 확신으로 바뀐다.

본사에서 신제품 교육을 했다. 모델은 입사한 지 얼마 되지 않은 지사 강사가 했다. 제품을 직접 발라서 피부가 어떻게 변하는지 보여주는 교육이었다. 비포 앤 애프터가 확 달라졌다. 칙칙하던 피부가 시연 후 바로 맑고 깨끗해졌다. 강사 본인도 제품을 구매했고, 교육받은 판매 사원들도 앞다투어 제품을 주문했다. 가격이 비싼 편이었지만 제품의 효과를 드라마틱하게 보았기 때문에 직접 본 참석자들의 제품에 대한 신뢰가 매출로 이어졌다. 확인하고 믿으면 고객은 마음을 연다.

'소개팅할 때는 스테이크를 먹으라'는 말이 있다. 고기를 씹는 과정에서 뇌가 말랑말랑해지고, 부드러워지면 상대를 쉽게 받아들인다는 이야기다. 고객을 만날 때 역시 마시거나 씹을 수 있는 먹을 것을 준비하는 것이 좋다. 그럼 대화를 부드럽게 이어갈 수 있도록 도움을 준다.

영업사원의 대부분이 가정주부다. 아침에 남편과 자녀를 챙기고 출근하는 것은 굉장히 바쁘고 힘들다. 제대로 된 식사도 못 하고 출근하는 경우가 많다. 나는 사원들이 매일 아침 출근하면 먹을 수 있는 간식을 준비한다. 10시에 제품 교육이 시작되기에 9시부터 출근해서 10시까지는 자유롭게 그날 만날 고객을 정리하고 제품도 챙기는 등 다양한 일을 한다. 그 시간에 떡, 빵, 과일 등 준비한 간식을 푸짐하게 그룹별로 먹는다.

아침마다 수십 명의 주부 사원들은 달콤하고 맛있는 간식으로 행복하다. 일주일에 한 번씩 농수산물 시장에 가서 과일을 사왔다. 단골 떡집에서도 맛있는 떡을 고정으로 배달해주었다. 매일 웃으며 먹고 마시는 아침 시간이 모두를 행복하게 했다. 하루도 빠지지 않고 몇 년을 계속해왔다. 이는 영업사원 수가 늘어나고 매출이 상승하는 결과로 나타났다.

여자들이 많은 곳은 보통 부딪힘이 많이 일어난다. 그래서 타 지사에서는 그룹끼리 안 맞아서 그만두는 경우도 있다. 우리 지사는 20년간 화장품 사업을 하면서 단 1명도 그런 사람이 없다. "먹을 것을 제공하면, 긍정적인 반응을 더 많이 얻는다"라는 결과가 있다. 맛있게 먹으니 뇌가 편안한 상태가 되는 것이다. 함께 먹는다는 행위는 유대감과 친밀감을 가져다준다. 고객을 만날 때 군것질거리 등을 센스 있게 준비하는 것도 하나의 방법이다.

매달 우편으로 많은 고객에게 책을 보낸다. 책을 보낼 때 샘플도 책사이에 붙여서 보낸다. 그런데 코로나 시기, 영상으로 비대면 교육을 하면서 제품 가격이나 신상품 소개 등을 하는 책이 중단된 적이 있다. 책이 나오지 않아 보내지 않았더니, 고객이 사라져버렸다. 보통 책을 보내고 나면 일주일 후에 주문이 쏟아졌었다. 책 속에 소개되는 제품의 샘플을 몇 장 붙이는 일도 재미있었다.

책이 없어지고 1년쯤 지나서 예전 고객들 한 분, 한 분에게 전화를 돌렸다. 다시 책이 나왔다고 인사드리고 거래를 하게 되었다. 매달 작은 선물 같은 책은 고객에 대한 배려요, 따뜻한 사랑의 표현이다. 먼저 마음을 주는 것이 상대방의 마음을 얻을 수 있는 방법이다.

"요즘 어떻게 지내세요?"라는 말 한마디는 고객과의 관계 형성에 도움을 준다. 어떻게 지내는지 묻는 질문에 대한 상대방의 대답으로 정보를 알 수 있다. 고객 입장에서는 상대방을 생각해준다는 인식을 심어준다. 일상적인 대화로 편안한 분위기가 조성된다. 대화는 자연스럽게 이어지고 서로 마음이 열린다. 서로 공통적으로 좋아하거나 싫어하는 것이 있을 때, 친밀감은 쉽게 조성된다. 같은 편이라는 느낌을 만들어준다.

제품 사용만 오랫동안 하신 분이 있었다. 운동을 좋아하고 항상 바쁘게 사시는 분이었다. 서로 존중하면서 고객으로 몇 년의 세월이 흘렀기에 친하게 지내는 사이다. 워낙 인상이 좋고 밝아서 주변에 사람이 많았다. 이분이 한 달에 구매하는 제품 양이 평균 판매 사원보다 많았다. 왜냐하면 주변 사람들이 제품을 좀 사달라고 해서 주문을 받아서 보내주고 있었기 때문이다.

그런데 자신은 전화비도 들고 시간도 투자해야 하는데, 남는 것이 없다고 차라리 판매를 해보겠다고 해서 지금 같이 영업을 하고 있다. 경제적 여유도 있고, 마음의 여유도 있어 고객에게 투자도 많이 한다. 영업도 아주 잘하고 있다. 오랫동안 서로 잘 알고 있고, 배려와 신뢰가 쌓여 스스로 영업하게 된 케이스다.

비즈니스 관계는 손실이나 시간 낭비, 인재 유출, 기회 상실 등 같은 고민을 공유할 때 공공의 적을 세워 상대의 마음을 얻는다. 경쟁사 타브랜드 지사장과 친한 사이가 되었다. 마사지샵을 운영하면서 제품을 판매하는 시스템의 브랜드다. 제품이 다양하지 않아 없는 제품은 우리 회사 제품으로 고객의 주문을 해결하면서 거래를 하게 되었다.

그런데 직원들 관리나 판매 사원 관리 등 서로 마음을 연결할 수 있는 공통 고민이 넘쳐나 일주일에 한 번 식사를 함께하는 친구 사이가 되었다. 마사지샵에 오는 VIP 고객들에게 필요한 고가의 화장품은 우리 제품으로 팔아준다. 판매는 일반 사원들보다 월등하다.

오랫동안의 작은 배려가 쌓여 마음을 열고 나면 조건 없는 무한 신뢰로 영업은 쉽게 이루어진다. 내게 마음을 열고 난 후, 우리 제품으로 판매를 많이 하고 있다. 이번 달에는 이 제품 50개, 다음 달은 또 다른 제품으로 50개, 하는 식으로 정해주는 목표를 잘 따라와준다. 기본 세일즈 정신과 판매 스킬이 이미 잘 잡혀 있는 베테랑 판매자다.

나의 이익, 회사 이익만 생각하면 상대방은 감동받지 않는다. 나를 이롭게 하는 행위가 아니라 타인을 이롭게 할 때, 상대방은 감동받고 마음을 열어 충성 고객이 되고 판매 협력자가 된다.

마지막 결정의 말이
중요하다

    회사에서는 보고서를 작성한다. 보고서는 일의 과정을 설명하기 위한 것이 아니라, 결론을 상사에게 빠르게 이해시키기 위함이다. 영업을 오래 하다 보니 스쳐간 직원들도 많다. 서면이나 전화로 영업 보고를 받을 때, 유난히 과정을 길게 늘어놓는 직원이 있었다. 보고 받을 때마다 무슨 말인지 모르게 장황한 설명을 할 때면 참지 못하고 "그래서 결론이 뭔데? 바쁘니까 빨리 요점만 말해"라고 짜증을 낸 적이 있다. 습관이 되어 있어서 잘 고쳐지지 않아 서로 힘들었다.

    보고할 때는 결론부터 말하고 상세 설명을 덧붙이면 된다. 영업인은 고객에게 설명할 때도 결론을 상상하도록 해야 한다. 영업의 결론은 판매 성공으로 이어진다. 결론을 알면 고객은 집중하게 된다.

개구리에게 가장 편안한 온도는 18도라고 한다. 물의 온도가 45도를 넘으면 개구리는 죽고 만다. 그런데 18도에서부터 서서히 온도를 높여 45도까지 높이면 개구리는 변화를 깨닫지 못한다. 조금 이상하다는 낌새를 차리지만 별 반응이 없다. 그러다 45도까지 오르면 두 번 변화를 시도하지만, 곧바로 포기한다. 마침내 45도가 넘어서면 밖으로 뛰쳐나오려고 버둥거리지만 이미 몸이 말을 듣지 않는다. 그렇게 뜨거워진 물에서 개구리는 그대로 죽고 만다.

반면, 처음부터 개구리를 45도의 물속에 넣으면 물속에 들어가자마자 단번에 뛰어나와 탈출한다. 뜨거운 물속에 들어가면 바로 뛰어나오지만, 서서히 뜨거워지는 물속에서는 몇 번의 기회를 놓치고 현실에 주저앉아버린다. 그러다가 마지막 순간에는 그 상황을 벗어날 힘조차 잃어버려 최악의 상황을 맞이한다. 경험이 뇌리에 남아 뛰어도 나갈 수 없다고 믿게 되기 때문이다.

결론을 그려보는 사람은 실행 과정에서 어려움이 있어도 포기하지 않고 끝까지 밀고 나간다. 결과에 대한 확실한 믿음만 있으면 어떤 문제도 해결해나간다. 머릿속에 떠오르는 그림은 앞으로 실현해야 할 꿈이다. 목표를 하나씩 실행할 때마다 '할 수 있다. 충분히 가능하다'라고 끊임없이 자신을 채찍질해야 한다. 의심하지 말고 두려움 없이 접근해야 목표를 이룰 수 있다.

야구 경기에서는 9회 말 2아웃에서도 역전하는 경우가 있다. 선수들이 끝까지 포기하지 않으면 가능하다. 영업의 클로징에서 실패했다면 왜 실패했는지 알아내야 한다. 성공했을 때 성공할 만한 이유가 있는지도 파악해야 한다.

영업팀들이 상품을 팔아오거나 못 팔아오는 경우, 각각의 원인과 결과를 분석해서 영업팀 전체가 공유해야 한다. 그래야 영업을 배울 수 있다. 젊은 사람들은 연봉이나 복리후생도 중요하지만, 자신이 다니는 회사에서 일을 제대로 배우기를 바란다. 조직의 리더들은 어떤 영감과 동기를 부여해줄 수 있는지 성찰해야 한다.

모든 사람을 다 판매로 연결하려고 하면 힘이 든다. 계약할 사람은 하고, 안 할 사람은 안 한다. 하지만 마지막 판매를 위한 결정의 말은 꼭 해야 한다. 지금 꼭 계약을 해야 하는 이유를 떠올려라.

고객은 이익이 될 때 움직인다. 이 계약이 왜 필요한지 고객의 관점에서 생각해보고 고객에게 말해주어야 한다. 영업 초보는 고객들에게 자신의 이유를 설명한다. 그것은 고객의 이익이 아니고, 영업인이 계약해야 하는 자신의 이유다. 판매자의 이익을 호소할 것이 아니라 고객의 이익에 호소해야 한다.

상품의 장점만 나열하는 것이 중요한 것이 아니다. 무엇인가를 결정할 때는 그것이 좋아서 하는 것이 아니다. 필요해서 하는 것이다. 고객은 필요가 충족될 때 구매한다. 클로징 단계까지 판매자는 적절하게 그 필요성을 잘 어필했는지 잘 따져본다.

시간만큼 강력한 압박은 없다. 월말 마감, 혜택 마감 등 고객 이익의 시간이 마감되기 전에 판매로 연결하는 것이 효과적이다. 잘 알아보지 않고 보험을 많이 들어 손해를 보게 된 것도 "다음 달 보험료가 오른다. 다음 달부터 보험 보장이 안 좋아진다"라는 말로 지금 당장 넣지 않으면 안 될 것 같은 시간의 압박을 주었기 때문이다.

그렇게 '이왕 보험을 들 거면 지금 들자'라는 생각으로 보험을 들게 된다. 축구와 세일즈에는 유사점이 많다. '결과를 만들어야 한다'라는 것이다. 축구는 슈팅 타이밍이 중요하다. 영업은 클로징 타이밍이 중요하다.

손흥민 선수는 완전한 기회가 오기 전, 슛을 하지 못하고 머뭇거리는 습관이 있었다고 한다. 이 습관을 고쳐서 기회가 왔을 때 무조건 슈팅을 하게 되면서 유능한 선수가 되었다고 한다. 유능한 영업인은 클로징 타이밍을 잘 잡아야 한다. 고객의 미세한 순간적인 반응을 잘 읽어내는 능력이 있어야 한다. 과감하고 강력하게 클로징 타이밍을 잘 만들어야 한다.

구매 결정은 순간에 이루어진다. 순간을 잘 포착해야 한다. 상품이 필요한 상황이 되었을 때, 필요 상품을 판매할 확률을 높여야 한다. 고객의 마음을 사야 판매할 수 있다. 영업은 타이밍이다. 고객과 한 단계씩 관계를 잘 만들고, 경청과 소통으로 신뢰를 쌓으며, 고객의 미세한 반응을 감지해서 순간적으로 기회가 오면 강하게 마지막 결정의 말을 해야 한다.

상담이 길어지고 영업사원이 고객에게 모든 에너지를 쏟아붓는다고 해서 판매가 이루어지지는 않는다. 효과적인 마무리 말을 잘해야 한다. 고객에게 제안할 때, 양자택일로 하는 방법이 있다. '흰색 티셔츠냐, 검정 티셔츠냐'의 선택권 안에서 "검정이 좋아요? 흰색이 좋아요?"라고 하면 거절을 못 한다. "수요일 할까요? 목요일 할까요?" 하고 날짜를 정하면 고객은 구매 결정을 하게 된다. 선택이 어려울 때, 고객은 망설이게 된다.

TV 채널을 이리저리 돌리다 보니 한 채널에서 한 개그맨이 반신욕기를 팔고 있었다. 채널을 고정시키고 한참을 보다가 나도 모르게 구매를 했다. 날씨가 쌀쌀한데 반신욕을 하는 개그맨은 땀을 뻘뻘 흘리고 있었다. 땀이 잘 나지 않는 나는 '저 상품이 있으면 나도 저렇게 땀을 쭉 빼고 온몸이 개운하게 피로를 풀 수 있겠다'라는 생각이 들었다.

그때 "오늘만 무이자 10개월이다! 사은품도 주고 마감 임박이라 이제 제품이 언제 생산될지 모른다"라고 했다. 급한 마음에 얼른 주문해버렸다. 며칠 후, 반신욕기가 집에 도착하니 생각보다 모양이 마음에 들지 않았다. 거실 분위기를 지저분하게 만들어버렸다. 그래도 거실에 두고 TV를 보면서 반신욕을 했다.

그런데 반신욕기가 뜨겁긴 한데 땀은 생각만큼 나질 않았다. 그 개그맨처럼 땀을 내려고 오래 앉아 있다 보니 현기증이 나고 머리가 아팠다. 며칠 하다가 반신욕기를 그대로 거실 한쪽에 방치해두었다. 공짜로 준다고 해도 가져가려는 사람도 없었다. 할 수 없이 이사하면서 구청에 돈을 내고 갖다 버렸다. '마감 임박'이라는 마지막 말에 숨 가쁘게 구매한 제품이 애물단지로 전락해 거실에서 자리만 차지하다가 이사 때 폐기처분된 것이다.

베란다에 놓고 사용하는 큰 러닝머신이 있었는데, TV도 안 보이고 해서 마침 작은 러닝머신을 홈쇼핑에서 팔길래 얼른 구입했다. 한정된 수량, 저렴한 가격, 무이자할부, 온갖 사은품, 속사포처럼 쏟아내는 상품 설명에 사게 되었다. 거실에 두고 러닝머신을 사용해보니 길이가 짧아 발이 바닥에 떨어질 것 같아 무서워서 탈 수가 없었다. 빠르게 걷거나 뛰면 작은 러닝머신은 힘이 부족해서 흔들렸다. 이것도 결국 얼마 사용하지 못했다. 새것이라 아까워서 버리지도 못하고, 오랫동안 거실을 채우고 있다가 결국 없애버렸다. 이처럼 꼭 필요한 것도 아닌데 홈쇼핑만 보면 상품을 구매하는 것은 쇼호스트들의 멘트가 강력하기 때문이다. 특히 판매 종료 시간이 임박하면 마지막으로 쏟아내는 말들이 엄청나다.

오늘이 고객에게 가장 많은 혜택을 주는 날인 것처럼, 여러 명이 한목소리로 제품을 사지 않으면 손해를 보는 것처럼 말해 고객을 조급하게 만든다. 여러 번 제품을 구매해서 실패해도 계속 상품을 사게 되는 것은 마지막 말에 강력한 힘이 있기 때문이다.

홈쇼핑은 수천, 수만 명을 상대로 고객의 NO까지 생각하며 월말, 주 마감이 아닌 시 마감을 하면서 고객을 연구한 결과, 실시간 고객을 만난다. 이성을 마비시키면서 감성 위주의 영업을 한다. 마지막 결정의 말로 판매에 성공한다. 영업인은 꼭 고객에게 제품을 판매하겠다는 마음으로 목소리에 힘을 주고, 마지막 결정의 말을 해야 한다. 그럼 에너지가 다르다. 그 에너지 때문에 판매가 이루어진다.

내성적인 그녀는
어떻게 영업의 달인이 되었을까?

제1판 1쇄 2023년 3월 9일

지은이 조윤교
펴낸이 최경선   **펴낸곳** 매경출판㈜
기획제작 ㈜두드림미디어
책임편집 최윤경, 배성분   **디자인** 김진나(nah1052@naver.com)
마케팅 김성현, 한동우, 김지현

매경출판㈜
등록 2003년 4월 24일(No. 2-3759)
주소 (04557) 서울시 중구 충무로 2(필동 1가) 매일경제 별관 2층 매경출판㈜
홈페이지 www.mkbook.co.kr
전화 02)333-3577
이메일 dodreamedia@naver.com(원고 투고 및 출판 관련 문의)
인쇄·제본 ㈜M-print 031)8071-0961

ISBN 979-11-6484-517-0 (03320)

책 내용에 관한 궁금증은 표지 앞날개에 있는 저자의 이메일이나
저자의 각종 SNS 연락처로 문의해주시길 바랍니다.

책값은 뒤표지에 있습니다.
파본은 구입하신 서점에서 교환해드립니다.